Capital Outlet 4.0

沈 超■著

资本风口4.0

完美创投风暴

中华工商联合出版社

图书在版编目(CIP)数据

资本风口4.0 / 沈超著. -- 北京：中华工商联合出
版社，2016.9

ISBN 978-7-5158-1773-6

Ⅰ.①资… Ⅱ.①沈… Ⅲ.①互联网络-应用-投资
-基本知识 Ⅳ.①F830.59-39

中国版本图书馆CIP数据核字（2016）第 227062 号

资本风口 4.0

作　　者：	沈　超
责任编辑：	胡小英　　邵桃炜
封面设计：	周　源
责任审读：	郭敬梅
责任印制：	迈致红
出版发行：	中华工商联合出版社有限责任公司
印　　刷：	三河市宏盛印务有限公司
版　　次：	2017年1月第1版
印　　次：	2017年1月第1次印刷
开　　本：	880mm×1230mm　1/32
字　　数：	180千字
印　　张：	6.5
书　　号：	ISBN 978-7-5158-1773-6
定　　价：	42.00元

服务热线：010-58301130

销售热线：010-58302813

地址邮编：北京市西城区西环广场A座
　　　　　　19-20层，100044

http://www.chgslcbs.cn

E-mail: cicap1202@sina.com(营销中心)

E-mail: gslzbs@sina.com(总编室)

"新常态"并不是近几年才有的说法，但近年来中国经济呈现的发展特征却和过去都有所不同。过去30年的时间，过快的经济增速和长期积累的风险开始、释放，中国经济增长速率连续下滑，人口、资源、环境红利等基本面也随着这种特征悄然变化。虽然很多学者和经济学家都在研究如何从理论和宏观角度来描述这种特征，但却无人能够准确表达这种特征究竟意味着中国经济陷入了短期危机之中，还是已经进入到了一个新的阶段。

　　2014年，国家决策层将中国的经济情况定义为"新常态"。在经济新常态下，简政放权、开放民间投资领域被提上议程，自此放缓的经济增速已经逐渐被淡化，取而代之的是提升服务业的比重，致力打造新型经济，在世界经济格局中确立中国制造新的优势。

　　"新常态"不是传统企业的末日，也未必是新兴企业的春天。自从"互联网+"、"全民创业、万众创新"两个概念出现后，唱衰传统行业的声音越来越多。但事实果真如此吗？一直以来，传统行业与新兴行业貌似水火不容，不是你死就是我亡，可是如果我们真的看懂、看透O2O、B2C等概念就不难发现，其实互联网与传统行业之间本就存在非常微妙的关系。举个例子来说，淘宝的出现确实让很多传统行业举步维艰，但也正是因为这种刺激和侵蚀，传统行业才能放下身段从旧的商业模式中走出来。

"新常态"是一个交织着童话和噩梦的时代名词，快速失败、快速崛起几乎成了家常便饭，传统企业不能凭借"资产"掌控整个市场，新兴企业也不能凭借"创意"就能快速开发市场。这是一个"玩钱"的时代，不管是传统企业还是新兴企业，要想成为市场"玩主"，就必须让资本帮你运作，谁能获得资本的青睐谁就有资格占据市场，而资本看中的不仅是你的"idea"，更是你的眼光。

眼光决定了风口，而风口决定了资本的未来，抓住风口就等于抓住了资本的软肋。新常态下无数的创投机会被营造出来，"互联网+农业""二孩政策""干细胞""IP（Intellectual Property，知识产权）""VR（Volatility volume Ratio，成交量变异率，一种投资指标）"等无不在塑造一个又一个资本童话，而不懂捕捉风口的人只能在噩梦里不断挣扎，最终在睡梦中死去。

下一个谱写出童话故事的资本风口究竟会出现在哪儿？也许读完这本书，您就能发现答案。

目录
CONTENTS

第7章

跨境电商：资本大佬们的新棋局 / 157

第8章

机器人：工业文明的极致绽放 / 179

第 ① 章

破解创投密码：
风口决定成败

　　从个体户到电商，从实体到线上，从"闭门造车"到构建"世界村"……时代在变化，改革开放初期的创业靠胆大心细、吃苦耐劳；移动互联网时代创业靠眼光、靠风口。也许有的人认为"时势造英雄"，经济寒冬吹得人连取暖都顾不上，还谈什么创业，但是就有人在寒冬里抓住风口一飞冲天，四个时代，四个不同的故事，造就了一批又一批有眼光的成功创业者。

1.1　经济形势并不像你想的那么重要

2015年下半年以来，股市、汇市、商品市场大幅震荡，中国经济面临较大的下行压力，除了中国经济正处于结构调整期，内需有所放缓之外，外需也在不断下降，中国外贸出口增速甚至出现了负增长，有近一半的中国经济已经经历了硬着陆。此外，美国加息预期导致大多数新兴经济体资本外流、本币贬值、金融市场动荡。总体来看，中国经济发展已经走下高速路，进入新常态阶段（如图1-1、图1-2所示）。

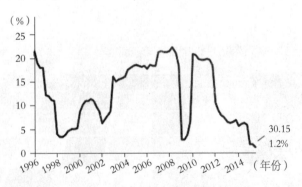

图1-1　中国第二产业（制造业和建筑业）增长趋势图

图1-2　2015年下半年上证指数走势图

　　受经济形势下行的影响，资本市场充满着迷失和悲观情绪，投资者或把手握紧或抱团取暖，纷纷准备"过冬"。资本的遇冷，首先二级市场是重要因素，从2015年6月中旬以来，股市暴跌，大量资金蒸发，各类基金的募集变得困难。另一方面，VC（风险投资）、PE（私募股权投资）在退出阶段的获利大打折扣，就连美股的阿里巴巴都跌破发行价，谁还敢轻易尝试纳斯达克上市？

　　有关资本寒冬的论调甚嚣尘上，然而实际上并不是资本层面没钱，而是缺乏投资的好项目。在寒冬里，投资者看什么项目都觉得属于夕阳产业，所以畏首畏尾，宁可错失投资良机，也不愿意错投。

　　但事实证明，世上本无夕阳产业，只有夕阳的企业和夕阳的人！

　　门窗制造业无疑是一个古老的行业，属于典型的传统产业。当前的经济形势是外需萎缩、内需不振，而房地产市场也一直是高位停滞的状态。从整体上看，门窗制造行业都不太景气，但就在这样的背景下，广东贝克洛幕墙门窗系统有限公司却是另一番景象，经过五年的发展，贝克洛公司占据了华南高端门窗市场50%的份额，并且至今仍处于增长势态。

疾风知劲草，能在逆境中茁壮成长的企业才是好的企业。与耐克、IBM、丰田等许多成功崛起的企业类似，贝克洛也经历了从卖产品到卖品牌再到卖标准的进化，通过坚持持续不断的技术创新，进而实现了价值链的升级。

现在很多人误把传统当作落后，实际上两者有很大的差别，传统产业是相对于IT、生物医药等现代产业而言，劳动力相对密集以制造加工为主的行业，其由于自身存在时间相对较长，极相对生产手段比较传统，但传统产业并不一定是落后产业。落后产业则通常有着高投入、高消耗、高污染、低效益的"三高一低"特点。

资本市场就是如此，它能迅速甄别伪劣，因为无论经济形势如何，好的产业总是会有的。形势好的时候，各行各业欣欣向荣，表面上看起来大家都很好；形势一旦不好，那些虚伪繁荣的产业就原形毕露了。对此，巴菲特曾说过一个经典的比喻："只有退潮了，才知道谁在裸泳。"

在股票市场，大盘涨时做股票会比较顺手，赚钱相对容易，但是很多不好的操作习惯却被掩盖了。大家都忙着赚钱，无暇顾及自己的问题，哪天行情不行了，幡然醒悟却为时已晚。就像一个人平时看起来健康，一旦出现问题，可能就已经是"晚期"了。

由此看来，经济形势对于资本来讲也就没有那么重要了，准确地说资本就是那些精明的投资者。从理论上讲，资本市场是经济的晴雨表，因为资本市场立足于实体经济。国家经济是由所有的企业来支撑的，当企业整体的运营水平上升，经济就会上涨，反之就会经济衰退。

资本市场如典型代表股市，是由许多企业上市所构成的一个比较集中体现经济水平的地方，企业的经营水平直接表现在股价的波动上。当大部分企业都在快速增长时，股价就会上涨，这也正是经济增长的信号。但经济形势有滞后性，而企业的经营水平率先表现在股价上，因此股市是可以提前反映经济形势的。

但是这只能从中长期趋势来判断，从相对短期来看，资本市场非但没有提前反映经济形势，甚至有时还会完全倒置。历史上，美国、德国和日本都曾出现过经济形势好但股市反转下跌的情况，如2008年全球金融危机爆发的时候，中国经济虽然逆转上涨，但中国股市却是一熊到底。

中国经济的奇迹波澜壮阔，不过，相较全球各个经济社会却也显得非常特殊。特殊在中国的经济发展目前仍是只见高潮未见退潮，谁也不知道这样的高潮还能延续多久。

巴菲特的话用在国家层面上就是，当经济遇到波折，考验一个国家的尺度是它是否有经济自我调节能力和社会的稳定能力。

看一看我们的邻居日本，GDP低速增长已经二十年了（如图1-3所示），货币兑换像过山车般跌宕起伏，社会进入人口老年化阶段，政党变化像走马灯一样。尽管如此，日本社会仍然保持着稳定，依然有众多世界知名企业在生产着汽车、电子产品、马桶盖、电饭煲等各类产品。

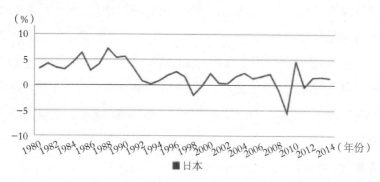

图1-3　日本1980年之后GDP增长趋势图

这或许就是资本市场不必关心经济形势的最好理由，因为它并没有那么重要。现在很多投资者的眼睛里都揉不得沙子，一定要在所谓经济最景气的时候出手，但他们是否考虑过有同样想法的投资者还有多少？还是那句话：涨潮必有落潮时，落潮时候又如何？

1.2　成功源于对未来的预测

随着科技和经济的不断发展，许多人开始不满足于为别人打工，有能力且有创业想法的人变得越来越多，创业的项目也越来越多样化。在众多资本发展的今天，有一些人在资本浪潮中站起来了，也有更多人倒了下去，创业者对行业的预知和判断是能否成功的重要标志。

比尔·盖茨是一个传奇性的人物，他是第一个把计算机软件产业化的人。比尔·盖茨看到了计算机市场发展的前景，看准了软件市场，他使应用软件从系统软件中分离开来，把单一的电脑变得丰富多彩。计算机也从简单的功能发展到多媒体技术，创造了从单机应用到信息高速公路等一个又一个技术奇迹。

比尔·盖茨1955年生于美国西雅图，从小就爱好学习，被称为"神童"。中学时他就非常喜欢计算机，已然是编程高手了。1973年，18岁的盖茨考进著名的哈佛大学法律系，由于他实在太迷恋于计算机，于是决定退学。1975年，年仅20岁的盖茨与好友艾伦创办了微软公司，专门从事微型计算机软件的开发工作，并担任微软公司的董事长。从此盖茨就开启了这项传奇事业。

1990年到1994年间微软在其MS-DOS操作系统的基础上推出了Windows 3X系统，收到了不错的市场反馈。到1995年，微软推出了独立的Windows95操作系统，迅速占领了全世界的个人电脑市场。1998年，微软推出了电脑操作系统史上影响时间最长且最成功的Windows98操作系统。陆续推出的Windows98第二版、千年版、Windows2000、WindowsXP、Windows Vista、Windows7及现在最新版本的Windows10都为微软赢得了很大的市场。

截至2016年福布斯富豪排行榜榜单显示，比尔·盖茨以750亿美金的个人财富蝉联全球富豪榜第一宝座，此前他已经连续13年成为《福布斯》全球富翁榜首富，连续20年成为《福布斯》美国富翁榜首富。

20年前，互联网对大多数国人而言还是一个全新的名词，当时的美国等国家已经开始利用发展了，但是在中国还是一张白纸，普通人几乎没有机会接触互联网。随着电脑开始在国内普及，马云判断出互联网今后的发展趋势，开始进军互联网业。做互联网后，马云1999年受邀参加在新加坡举行的亚洲电子商务大会，从欧美电子商务中发现了新的模式，打算自己做一个亚洲模式的电子商务。从此马云率领阿里巴巴团队朝电子商务这个新方向进发，如今的他和企业都已成为中国互联网和电子商务行业的先驱。

1995年，31岁的马云因为非常优秀的英语水平受浙江省交通厅委托到美国催讨一笔债务，这一次出国使马云接触到了互联网，也是这次机遇开启了马云的互联网事业。马云意识到互联网是一座金矿，萌生了回国建立一个互联网公司的新奇想法。他决定和西雅图的朋友合作，创立一个B2B电子商务模式，开启了"中国黄页"之路。

1999年马云和伙伴共筹50万元本钱，开启了阿里巴巴的创业之路。他的愿望是打造一个为中国中小企业服务的电子商务公司，并且把它做到世界最大。他们每天疯狂地工作，日夜不停地设计网页，讨论网页和构思，阿里巴巴就这样诞生了。1999年3月，阿里巴巴正式推出，这个新奇的事物立刻被媒体、风险投资所关注，8月阿里巴巴接受了高盛基金500万美元投资，随后又接受了软银2000万美元的投资，从此阿里巴巴开始了疯狂的崛起，一路披荆斩棘，一举成为全球最大的网上贸易市场、全球电子商务第一品牌，并逐步发展壮大，成就了今天的阿里巴巴帝国。

福布斯排行榜或胡润排行榜上的成功企业家在创业的过程中，几乎都非常清楚未来十年、二十年或者三十年要做的事情。虽然时代与环境的变化速度非常快，但这些企业家对未来经济的发展方向都有着属于自己的判断，也正是因为这个原因，这些先行者才能创造资本，并让这些资本变为更多的财富。

1.3 资本风口1.0：个体户的黄金十年

"个体户"在20世纪80年代初期是不受人尊重的，在老百姓看来是有悖于社会发展的，和主流社会是格格不入的。随着中国改革开放的发展，个体户赶上了流通领域的市场化，个体商户逐渐有了钱，不再低人一等。

个体户是改革开放初期的特殊产物，它标志着中国人终于走向市场经济所赋予的对自身命运的主宰。市场经济不可缺少个体工商户这样的经济单元，个体工商户更是维系社会稳定与民生的基础。国家工商总局的数据表明，1999年中国实有个体工商户数量为3160万户。

浙江的梁先生一家是改革开放时期的个体户经营者。改革开放前，当时家里只有父亲一人在工厂上班挣钱，每月只能拿回49块钱，这微薄的收入却要养活母亲和三个孩子，日子过得非常艰苦。

改革开放给梁先生一家的生活带来了转机。梁先生母亲的针线活做得极好，也会使用缝纫机，当"个体户"这个名词刚刚开始出现的时候，梁先生的母亲就开始试着帮人加工衣服，每加工一件收一两块钱，一个月下来收入居然比在工厂工作的父亲还高。母亲尝到了甜头，决定租门面房做服装生意，需要经常到深圳、广州等地批发服装来卖。随着生意越来越好，梁先生家里的餐桌也变得丰富起来，经常可以看见肉类蛋类等在当时很奢侈的食物。

通过个体商户经营，梁先生一家不仅解决了自己的就业，也为国家纳税减少了国家负担，还可以解决他人的就业问题。现在个体户已被大家普遍接受，也确实有一些个体户通过个体经营完成了资本的原始积累，把个体升级为企业，把生意越做越大。

当年个体户的发展如日中天，但是谁又能想到二十多年后，"个体户"因为经济环境的改变而步入了"濒临绝种"的状态。在中国市场经济的持续深入之中，在社会利益日趋多元、各种利益群体日益分化，在个体户权益与行政权力所蕴含的部门利益的对抗中，处于松散的个体户群体不能达到更好的平衡。在与行政权力经年累月的碰撞之下，个体户数量不得不逐渐减少。加之国内个体户注册模式也越来越严格，从注册一家公司到开业平均所必经的审批步骤，需要走过七道关卡历时大约三个月才能完成，各种审批费用占据了个体户人均年薪的11%。在缴纳了税费之后，个体户不仅难以得到相应的服务，而且政府各部门的收费、罚款不胜枚举。垄断企业也在不断打压着个体户的生存，这些原因导致了个体户市场越来越萎靡。

国家工商总局发布数据，1999~2004年，中国实有个体工商户从3160万户下降为2350万户，六年间消失了810万户。《国务院批转

国家工商行政管理局工商行政管理体制改革方案的通知》（国发
〔1998〕41号）决定全面开展违法和违规个体商户的市场整顿，后
期又开展了清理无照经营和治理"三无"企业的专项行动，共清理
取缔各类无照经营近100万户。

由于线上电商的销售额明显超过实体店的销售额，2012年李宁
关闭了1800多家实体店，匹克关闭了1000家实体店，安踏关闭了
100家实体店，书店、服装店、鞋店的闭店潮也有照此延续下去的
趋势。

1.4 资本风口2.0：连锁和复制的力量

对正处于成长阶段的企业来说，连锁加盟无疑是可以快速融资、发展壮大的最佳方式之一。对于正在创业的人来说，连锁加盟也可以让你少走一些弯路，于是利之所趋，大家开始竞相模仿。

在连锁的世界中，不管是什么样的行业，不管是加盟连锁还是直营连锁，几乎都离不开一个关键词——"做模板"。大部分连锁企业在发展的初期都会做出一个"模板"，通过这个"模板"先点燃"星星之火"，最后通过大量的复制"模板"形成引燃市场的"燎原之势"。

那么这种市场模板究竟有什么样的意义？企业为什么要通过复制"模板"的方法来迅速壮大自身实力？其实连锁企业之所以要创建市场模板，就是为了探索出单店的成功经营模式、营销队伍的建立方法以及快速招商的技巧，这样既用小资本培育了"火苗"，又借助了资本风口来助长"火势"，最终引燃整个市场（如图1-4所示）。

培育火苗创建 "模板"　　复制 "模板"，扩大经营　　迅速占据市场，形成 "燎原" 之势

图1-4　连锁企业复制的力量

自20世纪90年代开始，中国连锁业独特的经营方式和组织结构使其很快成为现代商业中极具活力的业态。

图1-5　吉祥馄饨LOGO

1987年1月1日，只有几千元积蓄的黄氏兄弟在北京的珠市口东大街开了一个只有一百多平方米，名为 "国美" 的门店。兄弟俩看准了北京家电市场的潜力，就从这一家百平方米的小店开始建立自己的 "连锁帝国"。2016年，国美电器的门店已经达到了1700多家，2015年的年销售额为646亿元人民币。

近几年来，中国的连锁经营行业步入了飞速发展的阶段，一批又一批大型连锁业态不断涌现出来，国美、苏宁等老牌在分食市场的同时，诸如吉祥馄饨、沙县小吃、神龟馅饼等小型连锁企业也在悄然崛起。这种形式的背后，意味着连锁企业对国内经济增长和消费产生的巨大作用，与此同时，连锁经营模式也给各类基金提供了巨大的投资平台。虽然中国实体经济依然饱受着"寒冬"的摧残，但国家以扩大内需为导向的经济发展战略也带动着企业去发掘新的机遇。

15年前，三个怀揣着发扬中华传统美食情怀、拥有硕士学历的青年开始了创业历程，他们并没有在当时逐渐火爆的川菜上做文章，反而一门心思扎在了一个不起眼的小吃——馄饨上。1999年，三名硕士开起了自己的第一家吉祥馄饨店。经过15年的连锁发展，吉祥馄饨的分店已经遍布北京、上海等40多个城市，分店数超过1000家。

虽然经济下滑、电商冲击等词汇充斥着整个2015年，制造业和其他实业也已经开始感受到了越来越浓的"寒意"，这些"寒意"最终将导向整个实体经济，在行业变革没有找到有效破局模式之前，行业增长趋势放缓不可避免，但是行业的增长趋势放缓并不代表所有企业都在走下坡路，至少连锁业在成本控制上有着先天的优势。比如武汉中百、大润发等连锁超市的销售业绩，大部分都有所增长。

当然，在新常态下，传统的连锁行业如果抱着固有的盈利模式不松手，就只能眼睁睁看着生意流向他处。传统商业规则已经被打破，连锁业的业绩两极分化也将变得越来越明显，尤其是对连锁零售业来说，电商挟资本带来的冲击足以摧毁一个庞大的连锁帝国。

环境的裂变正在倒逼连锁业创新，创新下的复制势在必行。永辉超市在2015年与京东签署战略合作协议，建立联合采购机制，逐步打通线上与线下的同步运作，与此同时，华润万家也在逐步整合上游商品资源。这些企业在供应链上端的创新和参与将是未来门店复制中盈利、管理以及差异化经营的基础。

固守资本风口2.0的复制思维，会让今天的连锁巨头成为被市场瓜分的对象，越是大的颠覆时代就越是新兴产业"搅局"的时候，如何创新自己的复制模式，是连锁业立足门店优势"向上"发展的关键点。市场中没有不好做的企业，只有做不好的企业，一味固守传统的商业模式最终无法脱离死亡、变成他人养料的结局。

1.5 资本风口3.0：移动互联，链接一切

移动互联网是互联网与移动通信各自独立发展后互相融合的新兴市场，移动互联网的浪潮正在席卷到社会的方方面面，它融入了交流沟通、信息获取、商务、娱乐等各类互联网服务，正在为世界创造着全新的商业模式和消费模式。

随着4G网络的普及，中国移动互联网的市场规模越来越广阔。移动互联网逐渐向生产生活各领域渗透，成为中国经济转型升级的新动力。移动互联网深刻改变生产生活形态，不断推动中国社会深入变革。

这种变革在潜移默化当中也影响着国民的生活。移动互联网的发展在让许多传统行业转型的同时，也在逐渐改变行业之间分割、独立发展的格局。从某种角度上说，过去中国的传统行业之间的纽带是细小、残缺的，而移动互联网却增强了这条纽带，让各行各业链接在了一起，也让企业与个人之间建立了直通网络，新的商业模式让互联网环境下的市场充斥了更多的可能。

飞信是早期移动互联的应用者之一，是中国移动推出的集融合

语音、GPRS和短信等多种通信方式，覆盖实时、准实时和非实时三种不同形态的通信需求，从而实现互联网和移动网间的无缝通信服务。它可以通过电脑网页、手机等多端登陆，不受任何限制随时随地和好友进行交流。除了具备聊天软件的基本功能外，飞信还可以实现电脑和手机间的实时互联，实现与飞信好友手机短信免费发送、语音群聊超低资费、手机电脑文件互传等多种强大功能，为用户提供实时便捷的美好体验。

飞信之所以在短时间内得到市场接受的主要原因就是资费优惠，用户通过飞信向好友发送信息只收取网络流量费，而不收取信息费。如果在好友不在线的情况下，用户发送的信息将会以短信形式自动转发到好友的手机上，减少了用户漏掉信息的可能性。

但即使功能强大如飞信，在移动互联网时代也已经成了过去的代名词。

从金融消费来看，年轻消费者的口袋里经常"没钱"，因为现在出门一趟基本上手机的支付宝就可以全部搞定了。想去餐厅吃饭，结账可以用支付宝；吃完饭想看电影，可以在支付宝上买电影票；想起来家里的水电费该交了，可以用支付宝充值；该回家了想打车，可以通过滴滴打车然后用支付宝结算；到了月末，想起来手机费快没了，可以打开支付宝顺手充个话费。支付宝给我们的生活带来了无限的便利。

支付宝为自己设立了一个远大的目标：取代钱包，战胜现金，成为大家的电子钱包。有了支付宝，你可以用它付钱，用它理财，用它管理卡券和积分。也就是说，支付宝可以代替传统钱包的所有功能，而且还能够赋予他更多的功能成为个人金融的入口。

　　手机是现代人生活必不可少的东西，因此支付宝有更多碎片化的使用场景，用户的黏着度更高，支付宝的想象空间在移动互联网时代被无限放大。只有支付功能对支付宝来说是远远不够的，支付宝还诞生了余额宝、蚂蚁花呗等金融功能和社交功能。随着移动互联和科技的发展，支付宝可能会给我们带来更多的惊喜（如图1-6所示）。

图1-6　手机支付宝的界面功能十分强大

　　从电影方面看，如今的电影行业越来越繁荣。现在的电影主流观众已经变为了年轻的互联网受众，且平均年龄越来越小，这些受众的绝大部分左右了电影市场的发展趋势，他们的喜好和口味决定了电影的票房。互联网已经全面颠覆了电影行业，未来具备互联网基础的电影票房越来越高。另一方面，电影的用户和售票渠道基本都存在于互联网，用户可以通过在网络上看影评来判断自己要不要去看这部影片。大多数人选择通过网络购买电影票，因为网上可以看到排片和选座的实况，用户可以据此决定自己去看哪个时间的场次，并且相对于实体店购买，网络购票更加便宜。如今电影的主流观众都存在于互联网，观众接受电影宣传信息也在网上。所以电影发行之前会在网络上发布预告影片，与网络平台进行合作，网络已经成为电影营销的重要渠道，为电影起到了良好的宣传作用。

　　移动互联网打破了网上信息传播的各种局限，与用户结合起来。移动互联网让我们随时随地查找消息、处理工作、保持沟通、进行娱乐，使人们的生活更加丰富多彩。移动互联时代通过网络将个人与世界紧密连接起来，各类社交网络与高质量的应用不断丰富着我们的生活。移动互联还衍生出各种商业机会，催生出各种产业形态，随着移动互联技术的发展，各种资本合作络绎不绝，已经成为当前中国互联网产业乃至经济社会发展最强有力的技术力量。

1.6 资本风口4.0：跨国跨界"世界村"

伴随着时代和经济的发展进步，世界早已成为一个整体，跨国电子商务近些年逐渐流行起来。跨国电子商务不仅可以减少交易成本，提高生产率，还可以增加贸易机会，改善贸易环境。如今的跨国电子商务已经对国际经济社会产生了深刻的影响。

当传统网络购物不能满足广大"剁手党"的购物需求时，网购便迅速伸向了海外市场，继续扩张购物领地。由于进口关税及商家经营策略的原因，很多国外商品价格更低廉。传统的海淘非常麻烦，邮寄通关的过程少则几周多至几个月，十分漫长，并且还有丢失的可能。现在，海外直邮的模式不仅让等待时间大幅缩短，而且代缴关税和低廉的邮费让买家轻松就可以享受跨境直邮的待遇。在这种购物形式背景下，各类海淘平台应运而生，小红书、洋码头、亚马孙、天猫国际等都开始做起了跨境电商的生意。

随着跨境购物需求不断升温，国人的海淘需求也在不断呈现多元化的趋势，消费者的个性化和高品质的追求逐渐成为跨境电商的主流。

以洋码头为例，洋码头建立了独一无二的买手制，集结了来自美国、日本、澳大利亚、法国、英国等覆盖全球四十多个国家的优秀买手，这些买手不仅懂时尚，还能快速洞察国内消费者的喜好和需求。她们可以通过人脉和资源各种渠道，第一时间将最时尚的海外知品和新奇玩意带给中国消费者，为消费者提供最佳便利。洋码头在海外直邮物流上着力发展，迄今为止，洋码头已经在全球建立了12个国际大型物流中心，并且为二十多个国家和地区提供全程封闭的运输服务，在运输过程中不但能保证实时监控，还能确保各国商品都能快速、完整地送到中国境内，最终流向消费者，类似的电商还有很多，譬如小红书。

不同于其他电商平台，小红书2013年10月从全球购物分享社区起家，直到2014年12月才正式上线电商平台"小红书福利社"。小红书在运营电商之前是一个庞大的前端社区，用户分享从全球各地购买来的商品使用体验和心得，向大家传播海外的商品以及海外购物的知识，让消费者可以直观地享受最真实的购物体验。

在小红书社区中，每个用户都是一个博主，可以随时随地晒商品，分享购物体验，吸引其他用户的关注。从调查来看："买"是女性购物的刚需，"晒"同样也是，每个女性购买到心仪的商品之后都很想将这种心情和商品分享给别人看，而小红书恰好给女性提供了一个"晒"的平台，每个博主"晒"出来的内容可以成为下一位用户的购物攻略，这也是小红书最初的运营逻辑。

小红书覆盖了美国、日本、韩国等多个热门旅游地的基础购物指南，里面既有性价比高、特色鲜明的品牌和商家介绍，也有丰富的专题。小红书的产品对消费者来说类似于"逛街"模式，通过社区内容引导和海外进口特有的价格与品质竞争力，使消费者更加信赖小红书这个产品。小红书建立海外直采的货源模式，与日本大昌行、COSME大赏，Casio等进行合作，还搭建了自己的供应链系统，货源来自国外品牌方和大型的国际贸易商，拥有郑州和深圳的保税仓区及两个海外仓，实施全程监控。

近几年海淘在网购圈一直非常火热，各大购物网站几乎都推出了海淘专区，中国有"双十一"、美国有"黑色星期五"，各大跨境电商也都瞄准了十一月份这个购物狂欢月促销打折齐放价，为了方便支付，支付宝也与海外购物网站进行了合作，用户通过支付宝可直接付款，省去了汇率换算的麻烦，体验到方便与快捷的跨境购物。

2012年以来，国家支持海淘跨境电商的相关政策陆续出台，海淘跨境电商逐步进入规范期。国家支持多个城市海关获准开展直购进口、保税进口、一般出口业务，作为试点区域向全国逐步推广。2016年1月，国务院又批准在天津、上海、重庆、合肥、郑州、广州、成都、大连、宁波、青岛、深圳、苏州这12个城市新设一批跨境电子商务综合试验区，以促进跨境电商的发展。

互联网和电子商务的发展，导致传统外贸方式多样化。随着中国消费者的需求升级及利好的政策因素，跨境电商保持着高速度和高利润双高发展态势蓬勃发展。中国目前跨境在线零售规模在350亿美元左右，占中国外贸出口的2%。品牌国际化和市场全球化的推动下，跨境电商发展空间巨大。2015年中国跨境电子商务交易总额已经突破5万亿元，同比增长42.8%，预计到2019年跨境电子交易总额将达到17万亿元（如图1-7所示）。

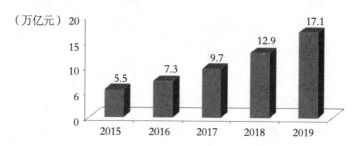

图1-7　2015～2019年中国跨境电子商务交易总额预测

随着跨境电商生态链条的日渐完善、配套服务体系的日益成熟，会有越来越多的本土外贸生产企业会借助资本进行跨境电商的系列发展。据投融界的统计数据显示，2014年7月，蜜淘网获得经纬创投的500万美元A轮投资；四个月后，蜜淘又获得祥峰投资、经纬创投等3000万美元的B轮投资。2015年京东对跨境电商Wish投资约5000万美元，大众交通注资1.1亿元人民币投资跨境电商平台美购，腾讯投资小红书一亿美元。2014年至今还有多家跨境电商融资案例，新的风口已经来临，你还在等什么？

第2章

正中靶心：
准确寻找 4.0 时代的风口

　　新常态在每个人心中值得投资的领域有所不同，但或许我们创投的方向都是一致的——抓风口。有些资本付出的不一定比你多，但是投入的资金却有了百倍、千倍的回报，并不是因为你不勤奋或者不努力，而是你不懂得直击靶心，就像飞镖游戏一样，真正抓住风口的资本力求每一镖都直中靶心，而你只是靠多投镖来从数量上追赶别人，结果无疑是差距越来越大。

2.1　顶层设计：站在月球看地球

　　中国凭借低廉的劳动成本建立了"中国制造"这一标签。虽然中国凭借这个标签在世界市场中闯出了自己的天地，但是到了移动4.0或者说"互联网+"时代，"中国制造"面临着极大的挑战。高耗能、高耗材抵消了廉价劳动力这一优势，基业长青型、世界领导型企业数量少导致中国制造用"老方法、旧思想"无法再向前大步迈进。在新时代中该怎么迈出新的一步？

　　中国正走在发展路上的关键路段，改革开放30年一路走来，中国发展中的不平和、不协调、不可持续的问题日益凸显，国际的利益矛盾和风险逐渐增多，在这种形式下，如何从错综复杂的经济社会矛盾中找到痛点、直击痛点，对于中国的深化改革和科学发展具有十分重大的意义。而在解决这些矛盾、处理这些问题的时候，越是往"深水区"挖掘，遇到困难就越多，而很多困难又是低层或者中层无法解决的，因此从最高层出发梳理问题、解决问题成了必须、也是必然的趋势，而这也是"顶层设计"的核心，于是"顶层设计"直接从一个工程术语升华成中国经济发展转型的一个关键点。

　　顶层设计有三个主要的特征（如图2-1所示）：

图2-1 顶层设计的三大特征

1. 顶层决定性

顶层设计是自高端向低端展开的设计方法，核心理念与目标都源自顶层，因此顶层决定底层，高端决定低端。

2. 整体关联性

顶层设计强调设计对象内部要素之间围绕核心理念和顶层目标所形成的关联、匹配与有机衔接。

3. 实际可操作性

设计的基本要求是表述简洁明确，设计成果具备实践可行性，因此顶层设计成果应是可实施、可操作的。

从顶层设计的三个特征中，不难解读出几个解决问题的重要方向：立足于实际、抓重点、放眼全球不设思想框架。传统的"中国制造"更像是闭门造车，拿来就用、复制粘贴成了企业的主流运营方式，这种方式不但不是在迎合顶层设计，甚至在一定程度上与顶层设计相违背。

"老方法"加速企业消亡，传统企业一批又一批地死去是因为跟不上经济转型、跟不上时代发展。顶层设计要求国家放眼世界的同时，也要求企业放眼世界，学会"站在月球看地球"。"在月球看到的是新风口，在原地看到的只有死亡"，用这句话来形容企业转型的迫切性一点也不为过，那么顶层设计究竟应该怎样"设计"？

传统企业愿意看成本、看品牌，从成本、品牌上调控企业的发展节奏和方向，而顶层设计要求企业学会新的思考模式，要从产业链出发看价值链，再从价值链看核心竞争力，最后才是看品牌、看成本。一个产业是否经得住推敲，核心不外乎是否有创新精神。"全民创业、万众创新"不是为了逼死所有传统企业，而是为了提升整个产业的价值。顶层设计要求企业放眼世界，只有忘记你是一个中国企业，才能彻底打开你的视野和思维。

也许麦当劳的汉堡并不是世界上最好吃的汉堡，但麦当劳却是世界最成功的快餐店之一。"找最好的厨师、用最好的食材把汉堡做好"这是典型传统思维中成功的先决条件，"汉堡可以不那么好吃，但是所有汉堡都要一模一样"是麦当劳思维中成功的先决条件。很容易看出，传统思维像是"站在地球看月球"，看到永远只是一个小盘子一样的生意，而麦当劳更像是"站在月球看地球"，看到的是常人无法想象的巨大产业。

"站在风口上，猪都能飞起来。"雷军用这种夸张来描述风口的重要性，但是进一步推敲，能够利用风口飞多远、飞多久则取决于起飞的高度。在"新风口"中看问题的高度决定了企业发展的路有多长，从这个角度来看，与其说顶层设计是在"逼迫"企业走向艰难的转型之路，不如说是一次新风口的形成，在这个风口里，没有行业的区别，也没有创业与基业的区别，有的只是看问题的高度和眼光的远近。

2.2 抓住风口，尽享"创新红利"

索罗斯退休时形容金融的世界就是一场谎言游戏，那里不过是钱玩钱，创造一个又一个谎言，只要你能融入谎言当中并能够在被大众普遍接受这个谎言的时候退出，你就成功了。

没日没夜地加班加点、熬夜工作，其实不是让你成为巨富的逻辑，真正的巨富靠的不是创造比别人更多的时间，而是抓住风口的能力。一旦市场的开口化趋势被你抓住，那么也许你并不需要那么辛苦，只要比别人多那么一点努力就能成功。

网络红人Papi酱本名姜一磊，2015年初Papi酱从一个普通的女生变成让网友为之疯狂的网红名人。虽然一股天然美女的气质，但是她却不靠脸。录制短视频的时候Papi酱以七情之上的浮夸表演吐槽出种种现象，让人忍俊不禁。2016年3月发布吐槽短视频的Papi酱已经在微博上拥有了760万的粉丝。同月，Papi酱获得了真格基金、罗辑思维、光源资本和星图资本共计1200万元融资，融资结束后Papi酱的个人品牌估值也将超过1.2亿元人民币。

一个网红、一段视频，造就了整个团队估值超过一个亿，风口让Papi酱及其团队直冲天际。雷军说的一句"站在风口上，猪都能飞起来"几乎成了创业者的口头禅，但绝大多数人都忽略了后半句话"不是因为你勤奋和努力，而是必须学会选择"。很多优秀的人都把时间浪费在了一个自以为是"风口"的地方，就等着借风力飞起来，却没有发现自己脚下的市场已经被别人挖掘到了地下，即使有"风"，也只能吹得你抬不起头来。

市场给后知后觉者两种选择，一种是凭借巨大的资本硬生生砸出一个新的机会出来，而一种是凭借极其高超的管理艺术和执行力，让资本为自己砸出一个新的机会。不管哪种选择，对创业者来说几乎都是天方夜谭，我们不能完全否认这两种可能性，但是能够做到第二种的创业者凤毛麟角。2016年，依旧有很多创业者看中互联网理财这个已经被人挖得千疮百孔的市场，结果不是任性地写一封道歉信以后就人间蒸发，要不就是在无人知晓的情况下悄然退出市场。其实2012年的时候，互联网理财确实是一个风口，当时理财产品的消息铺天盖地袭来，而现在网络上更多的是关于这些理财产品涉嫌诈骗或是因为资金链断裂而退出市场的消息。

乐视布局电动汽车（如图2-2所示）、谷歌布局人工智能……大型公司都在做站上风口前的准备，因为一旦找到一个属于你自己的风口，那么即便能力没有那么强也能轻松飞起来。所以创业者与其保守地做着别人已经做过的事情，不如大胆去做一些大事，尽可能地向一些具有开口性质的机会靠拢。在资本市场中，需要得到别人的认同，简单来说，这种认同就是投资者们认为的风向是一致的。

市场认同的东西才是真正的好东西，过去我们拼能力，是因为市场认同能力，我们拼专业是因为市场认同专业，而在移动互联网时代这种方向显然发生了一些变化。

图2-2　乐视超级汽车概念图

如果有机会隐居深山半年，出来后你会发现世界已经变成你所不认识的样子，移动互联网时代的变化从发生到落实非常快，每天都有新的话题刷新，当你孜孜不倦地研究O2O的时候，别人已经在寻找新的风口；当你成了O2O专家的时候，市场已经懒得再谈及O2O。过去的经济发展中，人们拼专业性，谁是专家谁就是权威，而现在这个时代，巨富往往更具有权威性，这些巨富依赖的不是专业，而是风口。人们常说纸媒死了、平媒死了，但是自媒体活了，并且活得很好，于是纸媒、平媒开始转型做服务。专业能力超强的人被一些互联网"业余写手"逼得转型，现在这个时代，自媒体一篇文章的稿费甚至比记者半年的工资还要高。

我们总是能听到很多成功者说自己的成功源于坚持，包括思维上的坚持、身体力行的坚持，但是看看现在的市场，有多少人是通过"坚持"获得了资本？传统企业在转型，创业者按传统套路出牌的死伤殆尽，反而是一些不按传统逻辑出牌的人获得了巨大的资本支持。这个世界很难保证一个只专注于"能干"的人走到最后，因为在尝试的过程中，你不懂世界的变化趋势就会莫名其妙地被其他人打得手足无措。市场中唯一不变的就只有变化，如果李彦宏只知道卖搜索系统，现在也就只是一个屌丝"程序猿"，马云如果只知道做黄页服务，就不会有现在的"阿里帝国"、"马云爸爸"。不管做企业还是打工，其实都是一个道理，很多积极寻找风口的人喜欢参与、享受参与，每次都在抢占每一个企业内部的"风口"，而企业的领导层则是积极开发市场内部的"风口"，因着这些区别，我们就能发现为什么有的企业能在短时间里迅速成为行业的领导者，为什么有的员工能在短时间内迅速成为企业的核心人物，就是因为风口所带来的不只是财富，还有巨大的"创新红利"。

2.3　补贴？资本没有那么傻

合并，合并，还是合并！资本市场里，重要的事情说三遍。滴滴和快的、携程和去哪儿……2015年，"合并"应该是最火的词语之一。有些人可能不明白，2014年还杀得不可开交的几个"霸王级人物"怎么说合并就合并了？其实里边的道理很简单——太烧钱。

到现在也没人能够给O2O市场下一个准确的定义，其实O2O是一个涉及很多领域的概念，我们这些普通老百姓可能对O2O的理解很现实——补贴，自打O2O出现以后，打车有补贴了、订外卖有补贴了、看电影有补贴了，就连洗澡都能领到补贴，反正做好多事情都有人给花钱了，不用白不用。

补贴概念体现最明显的是高频次交易市场，滴滴、快的、美团等线上平台就属于高频次交易市场（如图2-3所示）。

图2-3　高频次交易市场主力军

在2013年和2014年，这个市场也是资本主要进攻的领域。像滴滴这样的打车软件，补贴力度最大的时候甚至能在一天时间里对司机进行200%的费用补贴，也就是说是用户打车花了100元，司机用滴滴软件最高可以领到200元的车费，高额补贴让这些司机师傅以至于中低端手机的商家都着实占到了便宜，因为几乎每一个司机都需要这样的一台手机全天挂着"滴滴"这款软件。虽然滴滴也会收取一定服务费，但每个月如果车主跑够一定的单数还有额外奖励，就像公司的全勤奖一样。

在强大的资本补贴下，几乎没有人不愿意改变以往半路拦车、随机碰车的习惯。除了在出行方面，"住"也是资本主攻的领域之一。相比于携程的酒店基础，去哪儿网的优势体现在机票预订上，本来相安无事的两家企业自从O2O概念出现后都盯上了对方嘴里的肥肉，不过如何才能切入对方的市场呢？价格战这种简单粗暴的方式无疑是最有效的，携程、去哪儿开始了价格战，各式各样的补贴政策相继出台，旅游城市的三星级酒店100元就能入住、热门城市机票价格甚至还没有附加费高……经过一系列"大战"，两家企业也成了"自伤敌一千，损兵八百"的局面——携程、去哪儿同时出现亏损。携程、去哪儿一看再拼下去也不是办法，所以有了两者"联姻"的结局。

2015年10月26日，携程与百度进行股权置换交易，置换后百度将拥有携程约25%总投票权的普通股，而携程将拥有百度旗下的去哪

图2-4　携程与去哪儿"联姻"

儿的45%总投票权。携程与去哪儿的"联姻式"合并意味两家已经锁定了线上旅游业机票、酒店的市场份额，烧钱拼资本的局面自此告一段落（如图2-4所示）。

虽然很多当事人都不愿意承认，但是合并换来的最直接效应是财务上的止血，各个公司的财务数据也从赤字逐渐改变。或许有很多人认为，在高频次交易市场，这些资本的烧钱行为是值得的，因为O2O时代比的就是谁有钱，不去"烧"市场就会被侵蚀，甚至会失去市场地位。这有一定的道理但却不是全部，还可以说有些主观，如果资本是为了烧钱抢占市场先机，那么一些中频次交易市场如上门美容、上门洗车等业务根本就入不了资本的法眼，而一些低频次交易市场如上门装潢、安居客等更应该沦为资本摒弃的对象，但是现实好像并不是这样，比如家装公司土巴兔。

2009年上线的土巴兔装修网致力于将装修业打造成阳光化、透明化的行业，截至2015年其分站已经遍布一百多个城市，累计服务单数超过600万单。2015年3月12日家装O2O公司土巴兔获得由红杉、经纬、58同城投资的2亿美元C轮融资（如图2-5所示）。

图2-5　土巴兔LOGO

很多人不明白当"互联网寒冬"肆无忌惮地冲击O2O市场的时候，大部分O2O公司都被资本所抛弃，一个属于低频次交易市场的家装公司为什么都得到资本的青睐。其实不管是滴滴和快的还是携程和去哪儿，资本之所以能够烧钱补贴，为的不是侵占整个市场，他们最终的目的只有一个——流量。

我们花钱去请别人听我们讲故事是犯傻，而对于资本来说，烧钱请别人听一个"资本故事"一点儿都不亏。流量就是用户，有的人认为小众也能赚大钱，但是从资本的角度出发，流量、大众能够培养一种依赖感、一种消费习惯甚至是改变用户现有的消费观念。传统习惯里我们局限于在路上拦出租，但是滴滴的出现让我们省了钱，而且坐在家里就能等车来接，更重要的是用滴滴打车已经成为一种消费习惯，甚至是一种流行趋势，就好像我们已经习惯于用微信语音而不是直接打电话一样。一个消费习惯的改变衍生出的是无数的商业价值，一个坐店美甲师只能为你修甲，而一个上门的美甲师却能"聊出"你的消费习惯并整合到数据库中，这就是资本所需要的。

可以换一个角度来看，当我们占着一些"小便宜"的时候，其实已经逐步成为资本的"培养基"，小小的甜头换来的是免费广告以及更多的商机，资本不会傻到为了给用户一些"福利"去白白烧钱，但是在这些大大小小的补贴中，用户也确实体会了实惠，鉴于两者都有收益，于是乎这种"一个愿打一个愿挨"局面就这么和谐地发展下去，只不过创业者能不能利用好资本，依靠资本的"补贴"来发展自己的平台，就只能看自己的眼光是不是独到了。

2.4　隔行不隔山

随着经济、互联网科技及资本的不断发展，资本市场中各种行业的界限逐渐不那么明显，跨界成为一个流行的名词。跨界逐渐成为资本市场竞争中的"新常态"，通过跨界融合转型，可以为资本企业注入全新的商业血液，可以改造和升级传统产业的发展模式。资本企业利用资本整合和跨界拓展实现转型升级，激发企业的潜在活力。资本企业在产业价值链条上跨界融合，利用资本手段开拓市场版图，是企业经济停滞期实现突破增长的最佳选择。

在跨界资本盛行的市场格局背景下，各大企业作为各自产业领域中的佼佼者，如果想要突破固有的业务模式与经营方法，只有通过资本手段进行跨界融合，才能使企业有所升级突破。

在资本市场进一步发展繁荣的背景下，不断有企业进入地产市场。海尔、苏宁、娃哈哈、苏泊尔、五粮液、郎酒、阿里巴巴等企业都在做地产，似乎所有的企业家在自己的领域做成功后都要在房地产领域插一脚，为什么房地产能够吸引如此多的跨界者呢？主要原因有以下三点：

1. 房地产行业的特殊属性

中国的房地产市场良莠不齐，而且到处都是跨界者，很少有地产企业是专门做地产起家的，基本都是跨界企业。因为房地产自身具有复合性，它涉及的行业相当复杂，如规划、设计、营销、招商、运营等多方面，地产行业需要把许多行业的内容整合在一起，因此跨界是无法避免的。

2. 跨界者自身资源优势

有的企业拥有人才资源、资金资源，有的企业拥有行业资源优势，有的企业拥有政府资源优势。跨界行业涉及电商、石油化工、影视，休闲娱乐等多方面，跨界之广、幅度之大，几乎涵盖全国各行各业。

3. 国家政策影响

很多城市的基础设施建设运营单位因为国家政策，也会跨界参与涉足地产。例如温州地区承担相应的保障性住房建设任务，就需要该地区的代表企业出资投建，这些参与企业不管是自愿还是无奈，也算是跨界涉及地产的企业。

房地产行业作为非高科技产业的资金密集型产业，对资金充裕企业而言入门门槛很低。房地产行业同时也是一个高收益的盈利行业，因此跨界转型者选择地产作为资本转型方向是再正常不过的选择。

2.5　品质生活：资本角逐新标的

21世纪初，多数生活在城市的中国人已经进入"小康生活"，有了自己的房子、车子，有了更多的精力去考虑旅游、享受美食，有了更多的财富去提升生活品质。于是，越来越多的人开始在吃饭的时候一掷千金、在买衣服的时候秉承"不求最好、但求最贵"的精神，他们认为肯花钱、花得起钱就是有了生活品质。

随着互联网普及，人们的思想开始百花齐放。工匠做出一件完美的作品是一种高品质的生活、穷人虽然只有十块钱但可以买到最好吃的包子也是一种高品质的生活、少女买衣服的时候知道去哪儿能用最少的钱买到最适合自己的衣服也是一种高品质生活……综合性价比体验，成了人们对生活品质定义的新标准。普通老百姓都有了这种意识觉醒，一向嗅觉敏锐的资本定然不会放过这一次机会，于是一场关于品质生活的投资暗战拉开序幕，O2O大行其道的时候更彻底吹响了整个战场的号角，新的环境正在把"品质生活"变成资本角逐的新标的。

粗放成长型发展已经成为过去式，新常态下讲究品质、创新、品牌才是好的资本投资机会。分别以用户点评和团购起家的大众点评和美团，在经过血雨腥风的"千团大战"后，成为资本市场中为数不多的"幸存者"，O2O市场的火爆发展，让两者不约而同地将眼光投到了与生活品质息息相关的各种垂直领域中。

据统计，美团旗下的猫眼电影接入的电影院数量已经超过了5000家，每日活跃用户数量超过1000万，年在线售票交易额超过150亿元。而在外卖领域，美团单日订单量超过300万单，交易额能够轻松突破20亿元。2016年1月中旬，美团与大众点评合并后宣布的第一笔融资金额就高达33亿美元，融资完成后合并后的公司估值将超过180亿美元，就中国市场情况而言，很多刚刚进入创业板的小公司估值都未必能达到百亿美元的级别。

几个简单的数字在让人唏嘘的同时也透露出了这一轮资本对"品质生活"的偏爱。从"有"到"好"、从"凑合"到"认真"，需求的变化为资本提供了一片沃土，并降下了甘霖。中国有句俗语："既要抬头看天，也要低头看路。"品质生活不再是富翁的奢华，普通老百姓也可以从衣食住行上提高生活品质。对于年轻的上班族来说，从前的加班生活就是一碗泡面加一瓶可乐构成的，而现在随着百度外卖、美团外卖等APP的上线，白领的加班时间也变得丰富、可口起来。很多身在北京的年轻人也"从懒得回家做饭，在外边将就吃一口"变成了用"青年菜君"这类软件预订半成品回家加工来满足味蕾和物质的享受（如图2-6所示）。

图2-6　青年菜君网站首页

　　传统的商业模式是"你买我卖"的思维，但如今的时代下，资本已经进入更深层的挖掘中，开始培育市场，通过引导用户追求更高品质的生活，让用户养成新的消费习惯——为设计和品质买单。

　　和一些已有的APP引导人们养成新的消费习惯不太一样，"调调"这款APP不打产品也不做社区，它的定位是一款品质生活领域中的推荐引擎和搜索引擎。其实业内有一部分人并不看好这款APP，

图2-7　调调APP首页

"搜索"意味着技术和高成本，在运营和数据要投入更多的资金。但是对于资本来说，这并不是问题，这款APP确实在品质生活和电商、媒体之间建立了对接通道，也正因如此，"调调"的A轮融资就获得了500万美元（如图2-7所示）。

"吃点儿好的、穿点儿好的、用点儿好的"已经不再是人们逢年过节才能有的想法，"消费"成为日常生活中最平常不过的事，如何在这种"大消费"的环境下首先培养出用户新的消费习惯，才是VC、PE争相用烧钱抢答的问题，只有先人一步抢占市场，才能占据消费者的习惯优势。

虽说经济形势有进入寒冬的征兆，但寒冬过后也意味着万物复苏，谁能在冷风中坚持培育市场，等到春暖花开时才能收获更多的果实。

第3章

重塑"三农"：
农业与移动互联网的联姻

在"三农"问题上，互联网思维似一道绚烂的光芒，瞬间点亮漫漫征途。互联网与生俱来的去中心化特质与中国的小农经济发展模式相契合，二者具备相互融合的天然土壤。于是，在万亿规模的市场容量下，电商巨头、工商资本跨界而来，各自活跃于农业产销市场的各领域。现代农业能否克服资金、冷链物流等方面的天然屏障，在产品、理念、模式上与互联网深度融合，构造农业新基因？与移动互联网的联姻能否让农业成为下一个资本风口？且看本章细细道来。

3.1　新常态："互联网+农业"爆发潜能

　　经济新常态下，农业如何才能走出自家的一亩三分地，把国民经济支柱产业的最大潜能开发出来？投资机构认为，互联网将成为农业转型升级的重要推手。"互联网+农业"会催生出很多新的业务形态、组织模式、经营手段，面对十万亿元以上的农业市场及近七亿的农村用户，新型农业的大爆发时代已经到来。

　　相关数据显示，中国每年农产品及食品总规模为9.3万亿元，农资总市场为2.2万亿元，2014年中国社会消费品零售总额为26万亿元，农业产业链占据将近一半的份额。目前，中国农业发展面临着信息沟通瓶颈、组织能力低下、产业链上下游分散、物流滞后、金融资源短缺、品牌意识薄弱等难题。农业一旦实现网络化覆盖，将产生不可估量的市场效应。

　　农业互联网在"互联网+"的概念推动下，将成为促进集约化经营、提高经营效率的重要方式。通过将农业与互联网结合，传统农业将得到本质上的改造，可有效减少行业中间环节，打通农业发展的物流链、资金链，更新销售渠道，拓展农业下游消费。"互联网+农业"正创造着农业触网的新模式，众多上市公司已开始在农资电商、农村互联网金融、农业信息化三大领域展开"互联网+农业"的布局。

农资是农业生产必备的消耗品，农机、化肥、农药、兽药、种子、饲料等农资产品基本都需要多次购买，便于标准化，适合电商模式销售。目前，仅化肥、种子、饲料这三类产品的市场规模就超过了万亿元，传统的农资流通体制在"互联网+"的风口下顺势而为，将迎来颠覆性的变革，进入加速转型和创新发展的黄金期，农资电商龙头企业可实现十倍以上的增收目标。

随着农村互联网普及率的稳步上升，农业电商消费市场的潜力将逐渐被释放出来。2016年，农资电商的市场总量突破4600亿元。

从2013年开始，几家农业上市企业通过并购或自建互联网项目平台的方式涉足农资电商业务，如领先复合肥领域的史丹利、金正大，饲料行业中的排头兵大北农，以及以农药制剂为主业的诺普信。此外，新希望、金新农、辉丰股份、芭田股份等公司也在布局农资电商。而金新农于2015年以5.25亿元收购盈华讯方80%的股权，一跃成为"互联网+农业"领域的一个大玩家。

盈华讯方是基于电信运营商计费能力的一家服务提供商。金新农欲通过此次并购，利用盈华讯方的人才团队、技术储备等优势，搭建互联网销售平台，为公司饲料产品和品牌猪肉的网上销售奠定基础。

链接上互联网，传统农资企业的供应链将得到进一步优化，流通成本随之降低，并且将从销售商的角色升级为综合服务商的角色。农资龙头企业具备产品、渠道、营销、服务等多方面优势，有足够的实力在万亿级的蓝海市场中畅游。

农业对互联网金融而言也是一片巨大的蓝海，而基于移动端的农业互联网金融将是未来五年互联网金融的另一个爆发点。由于农业生产周期长，融资需求具有数额大、周期性显著的特点。调研发现，从北方到南方的种植户、养殖户普遍存在非常强烈的融资需求。但是由于信息闭塞、渠道狭窄，农民手头的大部分闲置资金都以不低于银行利率的形式在亲友之间流转。这种形式相对便捷，但由于借贷关系仅是建立在彼此的信任基础之上，存在较大风险。

互联网金融具有"开放、便捷、精准、高效"的优势，能够为农户和中小型涉农企业提供金融支持。农业与互联网金融的深度融合，可以大大助推"三农"经济的发展，推动农业现代化建设。

2015年，广东省推出首个"互联网金融+农业项目+信用建设"的试点项目，推进农业互联网金融的发展。PPmoney作为互联网金融平台，深耕公益众筹领域，对接广东省的"益粒米"新农村公益众筹项目，推动互联网金融与农业的对接融合。此项目得到广东省人民政府金融办公室、中国人民银行广州分行等部门和领导的高度重视与支持（如图3-1所示）。

图3-1　PPmoney网页界面

　　未来，互联网会将信息化技术进一步渗透到农业的各个领域，不管是产前的农资电商还是产中的农业物联网、生产管理信息化系统，又或者产后的农产品电商、农产品大宗交易平台，都将充分受益。

　　目前，中国已有四万家农业类网站，大多定位于综合类型、研究分析、专业集成、产销对接等领域，并呈现进一步加快细分的态势，不仅已经分化出种植业、畜牧业、渔业、农产品加工等二级行业，就连每个行业内部也逐渐趋于专业化，玉米、羊、猪等专业细分网站不断涌现。

　　从互联网产业与其他产业的融合趋势来看，互联网已经从工具、渠道、基础设施，跨入互联网经济时代。互联网已经对包括零售、金融、教育、医疗、汽车、能源等在内的部分传统行业产生了深刻的影响，未来随着互联网技术对农业的渗透，互联网与农业将逐渐紧密结合起来。

　　2014年以来，阿里巴巴、京东等电商企业纷纷启动农村战略，主要切入农产品电商和农村消费品电商领域。例如，阿里巴巴的"淘宝村"、"淘宝镇"变得愈来愈密集，多个村级服务站都已经挂牌运作；京东已经与陕西省长武县等多个县政府订立了战略合作协议，计划从多个方面推进农村电子商务的发展。

从生产角度上看，农业信息化能以更加精准方式体现出来，而流动环节又能从农业电子商务的形势体现出来。现代化的农业不但要推广现代信息技术、创建出农业产品的信息凭条，还要将农业信息化当成未来农业发展的重要因素。

未来，互联网将显著改造传统农业产业链，农业现代化、信息化变革将开启一场农业投资盛宴。无论是传统上市涉农企业、资本雄厚的电商巨头还是中小型互联网企业、个体农户，都有机会在新常态下的"互联网+农业"领域大展拳脚。

3.2 新基因：现代农业深耕互联网

橙子戴上昔日烟草大王褚时健的王冠，身价从一斤4块钱涨到了16块钱；猕猴桃被联想电脑之父柳传志捧在了手心，从每斤7块钱涨到了32块钱；苹果进了潘石屹的SOHO现代城，也从一斤3块钱涨到了15块钱。那么看上去很土的农业只要搭上高大上的互联网豪华列车，是不是身价也能翻倍增长？

"褚橙柳桃潘苹果"刚被推出时，一度成为业界佳话，但是今天，除了褚橙依然霸占着我们的味蕾，大多数人再提及柳桃、潘苹果时，已记不清它们留给自己的到底是什么滋味。在这场"三果志"中，为什么成功的是褚橙，而不是柳桃或者潘苹果？因为"基因"注定了结局。一个水果，包装再华丽，故事再感人，如果基因给不了它诱人的口感，注定留不住消费者的心。

"互联网+"让散落在乡村的农耕文明激发出时代的活力，但绝不意味着二者的简单相加就能产生大于2的价值。给农业冠上互联网的名字，并不是真正意义上的农业现代化，基因不改变，即使把农业强行搬上快车轨道也跑不起来。现代农业只有脚踏实地地深耕互联网，利用"互联网+"串起农业现代化的链条，将新一代信息技

术深度渗透到农产品生产销售、农村综合信息服务、农业政务管理
等各环节，才能让互联网的基因深入骨髓，创造出适合自己的新基
因，绽放出新的生命形态。

2010年，联想控股董事长柳传志宣布进军农业，佳沃集团负责现
代农业领域的投资和相关业务运营。联想控股在果业领域投入十多亿
元后，于2013年5月，正式推出现代农业品牌"佳沃"，产品包括蓝
莓及猕猴桃。随后，联想控股佳沃还先后布局葡萄酒业务和茶产业。

2013年，联想控股收购湖南武陵酒、板城烧锅、孔府家等多家
白酒企业，组建丰联集团，进一步完善农业板块。2014年11月，联
想控股向翼龙贷注资九亿元，借助P2P金融服务形式与现代农业形成
了良好的协同效应。

2015年，联想控股向农资电商平台"云农场"战略投资千万美
元，进一步打造"全新农业产业生态圈"（如图3-2所示）。

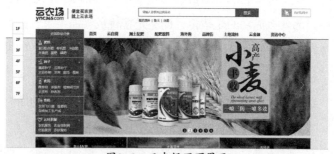

图3-2　云农场网页界面

云农场号称"全国最大网上农资商城"，有上百家农资企业入

驻，上线品牌上千家，拥有200多家县级服务中心，16000多个村级站点，市场覆盖了山东、江苏、河南等十几个省份。上线一年后，就有过百万的用户在云农场上登记注册。

农业有十万亿的市场容量，联想控股从2010年就开始布局现代农业的龙头企业，致力打造"全新农业产业生态圈"。基于云农场"一体、两翼、多羽"的项目优势，联想控股对云农场进行了战略投资。除了云农场，目前已被联想控股收到旗下的农业企业还有佳沃集团、丰联集团和翼龙贷（金融服务板块）。

传统农业产业链，从交易层面来看，上游集中在农资贸易环节，中游集中在农产品加工环节，下游集中在农产品贸易环节，物流、金融则贯穿整条产业链。现代农业深耕互联网的重点在于利用互联网对农业市场的流通方式进行创新，支持农业与电商、物流、商贸、金融等各方面的融合，完成新农业的转型升级。

联想控股正在打造一条新型农业产业链：上游云农场提供农资服务；中游通过"农技通"APP向农户提供农技服务，促进农业生产率的大幅提升；下游通过村站模式向农产品贸易环节提供服务；中间通过"乡间货的"、翼龙贷填补农村物流和金融服务的空白。这些服务内容集合在一起，形成合力，共同培育农民用户的消费习惯。

联想控股利用自己组织架构、资本运营和战略前瞻三方面的优势（如图3-3所示），促使现代农业与互联网进行深度融合。不管是佳沃的水果还是服务农业金融的翼龙贷，联想控股的一系列动作都表现出了现代农业深耕互联网的全新发展思路。

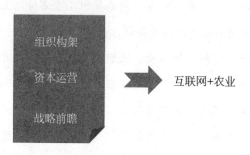

图3-3　联想优势构建"互联网+农业"

　　农业产业链上下游各环节资源星星点点式的分散性，是制约农业发展的最大枷锁。例如IT行业的产业链都比较成熟，相对模块化，从芯片设计到芯片制造、从印刷电路板到电路板、从硬盘再到组装成品等，水平分工非常到位。这就使得这条产业链具有天然的互通性。而就目前中国的农业现状而言，要实现适度的水平分工有些不现实，因为连最基本的合格的服务商都找不到。

　　互联网"下乡"比进入其他行业更加复杂，不仅需要线上与线下的高度有效地配合，还要对中国的"三农"问题有一定的洞察力，"接地气"显得尤为重要。联想控股把散落的资源串连起来，进行加工整合，虽然还没有把这条产业链完全打通，"新型农业产业生态圈"也还是个在建项目，但可以从中看出其现代农业在互联网领域进行深耕的姿态和决心。

　　现代农业中"现代"这个概念，绝不仅仅是一个修辞上的替换，而是用互联网思维对农业发展模式的颠覆、用新一代的信息技术变革农业发展方向。从整个农业生态链的布局上,就不难看出联想控股对现代农业的整体考量。无论是水果、酿酒,还是服务于他们的农村金融、农资、农技和物流,都融合了互联网思维和技术创新,都是在农业现有的血液基础上进行的基因再造。

3.3 新渠道：电商下乡，当淘宝遇上京东

"既能出国，也要下乡；高大上起来，进得了纽约时代广场，接地气下去，能涂遍农村的红砖墙。"京东CEO刘强东发完这条微博后，就把员工下放到了广大农村，不到半年时间，就把8000幅"发家致富靠劳动，勤俭持家靠京东"的墙体广告刷到了全国145个乡镇。下乡刷墙的不只京东这一家电商，淘宝也在农家的大墙上刷出了"生活要想好，赶紧上淘宝"的标语；当当网的"老乡见老乡，购物去当当"的标语在农村的街头巷尾也十分常见。

中国农村有七亿多人口，但这里的商业形态发育极不成熟，市场分销渠道极为狭窄。村里的小卖部、镇上的商店、地方集市、县城百货是主要的市场渠道。商品有限、质量低劣、价格虚高是农村市场主要的购物体验。由于农村用户分散、消费力不足，很难覆盖终端消费者，很多优秀企业如特许加盟店、全国知名品牌，都不愿渗透农村市场。所以大部分农民几乎买不到高品质的商品，同时他们也面临着产销难的困境。

电子商务为农村带来了一种新的渠道。国家统计局的数据显示，到2013年底大约90%的农村在不同程度上接入了互联网。2015年

的最新数据显示:全国农村网民有1.86亿,农村地区互联网普及率为30.1%,有56%的农村网民参与网购。另外,中国电子商务研究中心的数据显示:2014年,农村网购市场总销售额达到1800亿元人民币,预计2016年将超过4600亿元人民币。这些数据赤裸裸地展示了农村电商这片蓝海蕴藏的巨大商机。

嗅觉敏锐的电商巨头开始大规模地下乡进村。阿里巴巴高喊"千县万村"的口号,计划在3~5年内投资100亿元搭建"农村淘宝",建立1000个县级运营中心和10万个村级服务站。到2015年底,"农村淘宝"的村级服务站在全国已达到了一万多个。"淘宝"在农村几乎已经成为电商的代名词,农民用户把所有电商都当成了"淘宝"。

目前来看,在农村电商中,京东是淘宝最大的劲敌。京东的目标是在三年内让"京东帮"服务店完成"一县一店"的布局,为县级城市及农村消费者提供大家电配送、安装、维修、保养、置换等全套家电一站式服务解决方案。2015年8月,京东农资频道正式上线,在线销售农药、农具、化肥、种子等农资产品,并计划进一步整合农资行业各个环节,将农村业务逐步拓展至农技服务、农村金融等领域,誓与淘宝一决雌雄。

电子商务对农民生活的影响已经初见成效。扶持利好的政策密集出台,鼓励物流、仓储、资金和渠道更高效地下沉到农村市场。2014年,中国农业部在多个省份启动了农村电子商务项目。2015

年，中国财政部协同商务部向中西部省份的200 个县拨付总额达20亿元人民币的特别资金，促进农村电子商务在物流、运营和培训方面的发展。

"农村+电商"的模式为农业市场开辟了一条新渠道，让农民增收有了新途径，更给农村经济带来了新气象。农业B2B电商成为"互联网+"在农业领域进行突破和实践的重要运营模式，主要打通产品、信息、资金在农民与消费者之间的整个通道。另外，农业B2B电商具有规模大、低成本、高效率等特点，是未来农业电商发展的重心，也是行业内外各企业争相追逐的红利点。

2015年5月，田田圈集合一百多家行业最高水平的经销商和10000多家高水平的零售店，正式成立田田圈互联网联盟，旨在通过与优秀经销商的深度合作，优化农资流通渠道。

田田圈用互联网的方式，把农资经销的各方整合到一起，大大缩短了销售链条。过去是从厂商到经销商、到零售店，再到农民的四级体系，现在变成厂商、经销商、零售店的联盟，然后直接到达农民的扁平化结构。

除去线下的门店体系，田田圈还推出了农资销售B2B平台"农集网"，有针对性地打造包含产品体系、物流配送和专业服务能力，打通农资销售的线上线下，最终形成更贴近农村市场的新的生态链。农集网的注册零售店已有7800多家，交易额突破了4.3亿元。

目前，田田圈互联网联盟代表了至少50亿元的农资产品交易额，这个规模还在以指数级的速度迅速增长。

电子商务为解决"三农"问题提供了新的动力和手段，可以让广大农民突破本地市场狭小的局限，找到远端商机、满足本地市场满足不了的需求，可以在更大范围内整合资源。

虽然农业B2B还处于成长阶段，但它表现出来的发展潜力和吸金能力让其他行业都望尘莫及，目前传统农业企业或互联网大佬都在布局农业电商B2B领域。一些新晋的农业电商B2B如"俺有田""美菜网""土流网"等创业型企业更是如雨后春笋般焕发出新生代的活力来（如图3-4所示）。

图3-4　B2B模式

电商下乡为农村电商迅速崛起注入了活力，也让"农村+电商"火了一把，把农业B2B从幕后推到了台前，成为资本关注的头条。虽然农业B2B电商还处在初级阶段，但产业链的上、中、下游都已经出现了相关的电商平台。未来成熟的农业电商将主要朝着生态圈融合和智慧农业两个方向发展，在农业电商的B2B领域中也会出现全产业链的生态化发展趋势。

3.4　新支撑：农业大数据推进现代化与专业化

　　棉价、粮价持续走低，伤透了棉农、粮农的心。2015年，多数农民都没挣到钱，或者说没有往年挣得多，但还是有人抓住了商机，日子过得比往年更红火。这一年，微商、电商异常火爆，很多嗅觉灵敏的农民把自己家的农产品放进了朋友圈，东北大米、云南枇杷、土鸡蛋、黑枸杞等特色农产品在网上特别受欢迎。这些特色农产品与实体店的价格相当，口感却远比实体店的东西要好，而且送货上门，卖家还会告诉买家一些储存、食用方面的小技巧，这种个性化服务因充满人性关怀而让消费者倍感温暖。

　　对于农民来说，如何确定自己该种什么，又如何确保增产增收？当大家看到微商挺挣钱，于是一窝蜂都把自家地头的农作物放到朋友圈的时候，你的东西还有没有必要也跟着放进朋友圈？现在农民都是在跟风作业，别人种树挣钱了自己就跟着种树，赔了；别人养貂挣钱了自己就跟着养貂，又赔了。供求关系决定价格，一种农产品的总产量小于市场需求时价格就会上涨，大于市场需求时价格就会下降。农民跟风作业必然导致供大于求，赔钱就成了情理之中的事情。那么农民又该如何确定市场需求？

传统的小农经济生产方式太过分散,种多少水稻、种多少玉米、养多少鱼、养多少猪,都没有具体的规划。之所以产生这些问题,主要是因为在目前的市场条件下没有办法界定行业生产数据和未来需求数据的匹配关系。小农经济和国际化的市场需求产生的矛盾越来越突出,供需两端的信息无法对称,这就造成农产品市场价格大幅度波动,"菜贱伤农""棉贱伤农""谷贱伤农"等现象屡屡出现,大大削弱了农民的生产积极性(如图3-5所示)。

小农经济　　　　　　农民　　　　　国际化需求

图3-5　中国农民夹杂在小农经济与国际化需求之间

据统计,中国农业生产长期处于简单粗放的经营状态还导致严重的土壤污染和粮食安全问题。中国农业生产中化肥、农药、农膜等农资产品投入严重过度,农业生态环境恶化,对中国农业的可持续发展构成巨大挑战。多年来,由于人均耕地面积不足1.2亩(相当于世界人均耕地的三分之一),水资源人均拥有量约为2200立方米(不足世界人均水资源的四分之一),因此中国的水、土资源多年超负荷利用。一方面中国资源的刚性约束日益加强,另一方面农业水、肥利用率却不足40%,远低于发达国家60%的利用率。

　　如果农民能随时掌握天气变化数据、市场供需数据、农作物种植数据等信息，农民和农技专家足不出户就可观测到农田里的实景和相关数据，农民完全可以通过数据判断农作物是否该施肥或者浇水，这样可以避免因市场供需失衡给农民带来的经济损失。农业大数据给我们提供了前所未有的机遇，让精准农业成为一种可能，是未来绿色农业可持续发展的必由之路（如图3-6所示）。

图3-6　农业大数据创建绿色、有机农业

　　互联网具有信息收集的优势，农业大数据将大量与农业相关的市场信息、产品信息、技术信息、资源信息等内容在网上进行汇集，并进行专业分析，为农业生产经营决策提供便利信息。试想一下这些大数据被应用到农业生产环节的实际情景：农民在手机上轻轻地点一点手指，就能得到当地农情气象、土壤、病虫害等相关数据；下一步只要一键点击，就可以让无人机对农作物进行精准施肥用药……这样的画面就像在玩现实版的"开心农场"游戏。

　　农业大数据带来的生活不仅让农民向往，更让企业和资本陶醉，各方新势力正前赴后继地投身于农业现代化的巨大商机中。

芭田股份是中国复合肥第一家上市企业,近几年来深入农业大数据业务领域,探索农业现代化方面的产品组合,成功地从传统的复合肥产品提供商转型升级为全面解决种植问题的服务提供商,大力布局现代智慧农业。

2015年10月,芭田股份与南方报业签署战略合作,共同成立广州农财大数据科技股份有限公司。南方报业传媒集团旗下的《南方农村报》在"三农"领域积攒了五十余年的经历,拥有丰富的数据资源。二者强强联合,共同构建农业大数据平台,正是顺应农业现代化与专业化的发展趋势。

新组建的农财大数据公司由四大板块组成,分别是内容板块、应用板块、平台板块以及终端服务板块。内容板块是流量入口,为农户提供全面的种植管理和市场行情等资讯,是百万种植大户的互动特区。应用板块通过一系列的数据信息软件和硬件设备,精准分析有关土壤、温度、湿度、病虫害等数据,选择适合种植的农作物,再根据市场供求信息反馈,为农户提供作业决策信息,完成农业定制和精准农业的服务。平台板块负责整合农业产业链资源,打造"大数据联盟""种植联盟""农业众创平台",激发农民创新创业活力。终端板块是农业大数据服务落地的平台,该平台不仅提供农业生产一线专家上门坐诊指导服务,还会提供农资销售、农产品上行等服务。

芭田股份通过打造农业大数据生态圈迎来了盈利和估值的双重提升。农业现代化具有很强的专业属性,需要大数据做强力支撑,类似于芭田股份这种原属农业产业链上的企业如果能够把自己的大数据做强，将成为农业现代化发展的最大受益者。

　　农业看起来很美，做起来却很累，沉下去做又会觉得其乐无穷。做农业，找到"平台""圈子"很重要。从田间到餐桌，庞大的数据资源使得各个领域开始了量化进程，农业大数据正带来巨大的商业机会。

3.5　新格局：工商资本灌注现代农业

"褚橙柳桃潘苹果，恒大冰泉网易猪"，当西装革履的工商资本带着满腔热情冲向田间地头时，不仅帮农民解决了"钱"的难题，还为农业发展注入了新的活力，有助于形成农工商一体化发展的崭新格局。

原本热衷于在城市的高楼大厦间穿梭的工商资本，近年来都争先恐后地奔向农村发展。联想来了，恒大来了，中信来了，绿城来了，阿里来了……他们不只把钱撒在了田垄里，更在这里扎下了根，浇灌出一片片绿色充盈的现代农业。

在互联网思维的大势之下，最近几年"下乡"的工商资本"越玩越大"，粗略的统计显示：联想控股拿出15亿元发展高端果蔬产业，中信集团33亿元入股隆平高科，恒大集团70亿元投资布局大兴安岭生态圈。

从房地产到体育、娱乐，再到快消，最后定位于农业，恒大的每一次跨界转型，都受到业内人士的极大关注。2014年，恒大高调宣布携千亿巨资进入农业领域，同时切入粮油、乳业、畜牧养殖等多个产业……

恒大集团以质量至上为理念，投资70亿元建设及并购了22个生产基地，启动恒大粮油、恒大乳业、恒大畜牧产业，深耕大兴安岭生态圈，为老百姓提供放心大米、菜籽油、大豆油、牛羊肉、婴幼儿配方奶粉等，为国家食品安全贡献力量。

恒大通过并购充分整合资源，生产基地原企业职工成为恒大员工，并实行恒大现代化企业管理，实行从种植到销售全产业链质量管控模式，升级现有生产线，提升产能，确保产品的优良品质。

恒大是第一家产业化、规模化进入现代农业的大型企业，欲投资1000亿元，全力打造中国农业的民族品牌。

不得不佩服恒大的视野和胆魄。在工商资本的浇灌下，中国农业将从传统走向现代、从分散走向集聚，这个过程同时给工商资本带来巨大的盈利空间。

在中国经济步入"新常态"之下，房地产、高端餐饮等行业已经从热门逐步渐稳，这种局势倒逼着工商资本寻找新的出路和利润增长点，而传统成熟行业又竞争激烈、发展空间受限，发展相对滞后的农业具有强大的增长潜力，关注农业是工商资本的理性选择（如图3-7所示）。

图3-7　工商资本关注农业，抵御资本"寒风"

在工商人士看来，中国农业的问题主要在于一家一户的分散经营方式，这种方式既不利于生产水平的提升，也难以直接走入终端市场。工商资本的介入，一方面可以把一家一户的农民连接起来，实现规模化经营；另一方面可以引进高科技，实现集约化生产。

互联网为工商资本灌注农业领域带来了巨大红利。"互联网＋"给农产品提供了更好的市场通道。互联网与传统农业的结合，极大地打通了流通这一环境，不光流通时间缩短，品牌形象也将随流通时间的缩短而大幅提高。互联网电商的触角正从一般消费品转移到农产品，未来有望构筑一条农田到餐桌的直营通道。工商资本有利于打造精品农业、高效农业和生态农业，促进农业转型升级。工商资本进入农业为先进技术和管理理念的引进及农民培训提供了良好的平台，并从资金、技术、设备、观念等方面为农产品质量安全及品牌和市场培育提供了有力保障，也激发了人们发展农业的积极性。

3.6 荷兰奇迹：中国现代农业的他山之石

在中国一提到农业，我们可能首先会想到耕牛、爬犁、泥巴地……但是荷兰农业向我们传达的却是风车、奶酪、郁金香，还有凡·高……难以想象，一个国家怎么可以把土得掉渣的农业搞得如此优雅，完全颠覆了我们的固有思维。中国农业与荷兰农业的差距究竟在哪里？要解开这道谜题，先聊一聊荷兰的农业互联网。

人们常用"小国大业"来描述荷兰的经济特征，荷兰本土面积仅四万多平方公里，多是低洼平原，土地资源并不丰富，而且冬季漫长，终年光照不足，自然条件并不适合农业发展。但是勤劳智慧的荷兰人懂得如何最大限度地利用有限的土地，借助互联网实现了生态农业和智慧农业的发展，其农牧产品以优质、高产享誉世界，农产品的出口量仅次于美国，鲜花和种子的出口量更是连续多年居世界第一。

在荷兰的农业区，成片的玻璃温室随处可见。在这样的玻璃温室内，阳光透过屋顶的钢化玻璃投射进来，室内的温度、湿度、土壤肥力、病虫草害都是通过计算机在进行高效控制（如图3-8所示）。雨水会被屋顶的储水设备自动收集，日后会被计算机按照最优比例与肥料进行拌合,通过滴灌系统供应给植物,未被植物吸收的水也会被清理留存,等着再次利用。

　　玻璃温室先进的生产技术大幅提高了生产效率,荷兰每公顷蔬菜的产量比欧盟成员国的平均值高出几乎一倍,而用水量却远远少于其他欧盟成员国,例如一株普通番茄的产量能达到30~40公斤。此外据统计,荷兰每天向全世界出口约1700万枝鲜切花和170万盆花,全国玻璃温室切花的年产值可超过20亿欧元。

图3-8　荷兰农业中普遍使用的玻璃温室

　　玻璃温室内的信息化操作保障了荷兰农业生产的高效性,类似的互联网高科技在荷兰农场中也得到了充分的运用,例如在奶牛类的智能农场中安装有挤奶机器人、奶牛按摩器等管理设备。智能农场中,每一头小牛在出生14天后都会在耳朵上装一个黄色的"身份证",记载着身体指标、饲料需要、产奶量等信息。当奶牛走进挤奶区域,机器人即可刷证识别,判断它是否到了挤奶时间。如果正是时候,机器人就将定制的精饲料发放给它,同时通过红外线识别找到奶头,经过清洗、消毒,吸奶器自动吸附到奶头挤奶。挤奶结束后,吸奶器自动卸下,奶牛就可以走进牧场,享受一天的阳光和青草。

　　荷兰农业的高效发展有赖于互联网信息技术的应用。互联网信息技术在农业上的应用集中在数据采集和自动化控制，通过信息收集和数据分析可以增进对一个植物品种的了解，建立一个完整的植物信息数据库能对主流作物有一个十分清晰的认识，还能够通过环境数据预测产量、花期，通过信息手段识别病虫害，在每一个生长阶段给出最合理的操作建议，向上兼容自动设备，向下兼容人工。

　　荷兰利用互联网实现了农业园区化、管理规范化、生产标准化、产品高端化、销售网络化和农民职业化的发展模式，一个个大棚、一户户农场更像一个个现代化的生产车间。园区内采用物联网监控、高端种植/养殖等先进技术进行封闭式管控，全部实现了订单式生产。

　　互联网信息技术是荷兰农业保持高产的重要条件，农业的生产能力、决策支持与环境控制都有赖于信息的获取。另外，农业大数据对农业市场进行了非常细致的分类，农业生产实现了高度的专业化和深度分工。最突出的例子就是园艺业，它根据种植地点被分为温室园艺业和露地园艺业，又进一步划分为花卉业、蔬菜业、盆栽植物、苗圃植物等，这些二级作业再被进一步细分，花卉业还会按照花的品类进行三级细分（如图3-9所示）。

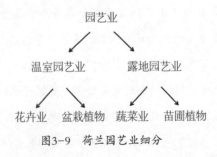

图3-9　荷兰园艺业细分

虽然荷兰缺乏比较优势的田间作物(如小麦),基本上只是耕作换茬作物,但是其中的专业化也非常明显。比如马铃薯,有的农场专门生产直接供消费的"食用土豆",有的农场则只生产技术要求更高、售价也更高的种用土豆。

农业的专业化需要有专门机构为各个生产环节提供及时、周到、高效的服务。只有这样农户们才能及时获得市场信息、技术咨询、金融支持、法律保护以及开展国际营销所需要的各种服务。

荷兰农业的显著特点是高投入、高产出,即通过资金密集的先进技术实现高效益,而这一切都离不开"互联网+农业"的有力支撑。荷兰对科技发展极为重视,全国教育和研究经费占到国家总预算的19.1%,远高于其他部门,而"互联网+农业"方向的科研曾是其中的重要领域。此外,荷兰农业科研、推广和教育"三位一体",由农业、自然及食品质量部统一负责,有效整合了资源,为"互联网+农业"的科技发展提供了便利。

荷兰4.2万平方公里的国土面积供养着1600万人,平均每平方公里达到400人,和中国一样,是一个典型的人多地少的国家。荷兰作为中国现代农业的他山之石,中国企业在学习取经的同时,还与荷兰完成多项合作。

中粮集团作为肩负中国粮食安全的国家队主力队员,在荷兰的投资可谓是极大手笔。2014年2月28日,中粮集团与荷兰粮食巨头Nidera签署协议,以12亿美元收购nidera51%的股权。

Nidera成立于1920年,是全球知名的国际农产品及贸易企业,在全球范围内聘用着大约3800名员工，年销售额超过170亿美元，在18个主要进出口国家从事当地分销和国际贸易业务，主营谷物、油脂油料、农业投入产品以及生物能源产品，售往全球超过60个国家。中粮就此成为Nidera的控股股东，成为可以与美国Adm、美国邦吉、美国嘉吉、法国路易达孚四大国际垄断粮商相匹敌的大粮商。

中粮并购荷兰企业，一是想成为国际粮食大佬，为中国农业在国际市场上谋得重要地位；二是想借助粮食大佬的国际地位把荷兰先进的农业发展经验带回国内，为中国农业与互联网的融合之路找到可借鉴的成功模式。

另外，中粮此次在荷兰并购成功再次表明荷兰政府对中国企业和中国投资的开放度和热忱度。近年来，中国投资荷兰农业的企业越来越多，并购整合也很顺利。荷兰有不同的农业部门，涵盖了家畜养殖和植物栽培业，比如耕作农业、乳品业、温室养殖、植树和养猪等。在专业技术、基础设施、食品加工业、商业和物流业方面，荷兰拥有极高的水平。截至2016年2月，已有近30家中国农业食品类企业在荷兰设立运营机构。

就农业而言，荷兰与中国既有共同点，又存在显著差异。然而，总体来看，荷兰农业的发展质量要明显高于中国。中国能否复制荷兰的高效农业道路？目前，中国农业与互联网的结合还局限在电商上，例如生鲜O2O、B2B、B2C，随着资讯数据化，生产数据化，实时监控等互联网技术与农业应用的深度融合，将产生难以想象的更大的业务空间，这对企业和资本都将产生巨大的吸引力。

第4章

二孩潮：
政策红利下的投资风暴

　　2016年1月1日，"全面二孩"政策正式实施。在二孩政策的首秀之年，婴童产业链上的各方企业都盯紧了这块巨型蛋糕，与此相关的食品、童装、教育、娱乐、家用产品、医疗保健等各个行业的消费需求都已相继得到提振。与此同时，躁动不安的还有各路资本，一场投资风暴将席卷而至。

4.1 政策开放，"婴童经济"的礼包到底有多大

从20世纪90年代开始，中国新生人口出现趋势性下降，从每年2000多万人下降到2003年的1599万人。2004～2011年，中国每年新生人口都在1600万上下，最低的时候只有1582万。随着出生率的下降，"婴儿潮"带来的人口红利逐渐消失。

2011年11月，"双独政策"开始在全国范围内落实，2012年的出生率首次出现回升，新生人口达到1635万。2013年12月，"单独二孩"政策全面落地，全国又迎来新一轮的生育小高峰，2014年新生人口1687万，比2013年增长了47万。

从"双独二胎"到"单独二孩"，每一次政策开放带来的人口增量都为"婴童经济"的洪流注入一股新的力量。2016年1月1日，"全面二孩"政策正式实施，这一政策不仅及时完善了中国的人口发展战略，更是向市场上投放了一个重重的"婴童经济"大礼包。

据统计，2014年，受"单独二孩"政策的影响，新生儿从之前的每年1592万人增加到了1687万人，新生人口增长了95万。从新生人口对经济增长的拉动力来看，消费支出在2014年首次超出了资本

投资，成为经济增长的首要动力。消费服务行业具有逆周期的特点，源源不断的人口增量是其蓬勃发展的保障。

而二孩政策全面放开以后，中国将迎来新一轮的生育高峰，这一轮婴儿潮的时间长度有可能维持到2022年前后。单独政策实施以后，出生率有所回升，2015年表现比较明显，2016年的生育需求将得到进一步释放，预计新生人口较2015年将增加200万左右。2016～2019年，新生儿数量有望从之前的每年1600万上升到2000万的水平，以后稳定状态将维持在每年1800万～1900万的水平，跟现在每年1600万的水平相比有明显上升（如图4-1所示）。

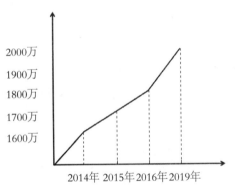

图4-1 2014年～2019年我国新生儿增长示意图

据最新全国人口普查统计数据显示，中国现在0～6岁的婴童人口达到1.08亿，婴童人口基数占较大比重。再加上"二孩政策"的深入推行，婴幼儿人口的快速增长必将带来中国"婴童经济"的进一步释放。

中国特有的"4+2+1"的家庭结构是"婴童经济"强有力的支撑。四位老人、一对夫妻围着一个孩子转，六个人的钱供一个孩子花，这就是对大家嘴里常说的"孩子的钱最好赚"最合理的解释。二孩政策又往这六个人的口袋里多放了"一双手"，新一轮的"淘金潮"让"婴童经济"进入了黄金时期（如图4-2所示）。

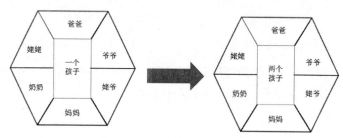

图4-2　二孩政策对家庭的影响

如果按16岁成年前城乡平均抚养成本25万元来粗略估算，二孩婴儿潮所蕴含的消费红利大约在每年1200亿～1600亿元之间。千亿级的市场规模将拉动相关食品、玩具、医疗、服装、家用汽车、教育等等行业的发展。其中86%的企业将有不同程度的增长，67%的企业预计销售额的增长将超过20%。

同时，婴童产业是一个叠加了婴幼儿消费和女性消费的市场，婴幼儿数量叠加上孕妈妈的数量，这块市场的消费潜力至少要翻倍增长。

一个家庭中仅次于孩子地位的人莫过于孕妈妈，她是全家人像对待"熊猫"一样重点保护的对象，新时代的孕妈妈大多受过现代教育，有着全新的消费观念，崇尚健康、科学的生活方式和消费理念，越来越关注和重视孕期和产后健康。产妇由以前的自己家人互相帮助转交到专业人士的手中进行打理，产妇需要合理、科学的月子餐以及调理产品和服务，这使得母婴市场具有非常强的发展潜力。另外，这些女性对生活品质有较高要求，舍得消费是她们身上最明显的特征，这就保证了充足的市场购买力。

总之，未来大量的新生人口以及准妈妈们将催生更大的消费需求，有了源源不断的需求，消费服务业势必持续发展，甚至将继续成为经济增长的主要引擎。

中国的"婴童经济"规模已经排在全球第二的位置，仅次于美国。一些传统行业虽然整体陷入低迷期，在"婴童经济"强有力的刺激下，又将出现新的业务增长点。比如纺织行业不景气，但是一些上市公司悄然挺进孕婴童服装市场，成功提升了业绩。

奶粉是婴幼儿成长时的必需品也是长期高频次消费品，二孩政策启动无疑是对生产商的一次利好。二孩政策带来的市场增量让被价格战和高库存困扰的婴幼儿奶粉生产商看到了希望。

2015年10月29日晚，政策一出，一线乳制品企业的股票就于次日全线上涨。贝因美的股价涨了10.2%（如图4-3所示），雅士利的股价涨了6.25%，圣元、伊利、合生元也都有不同程度的涨幅。

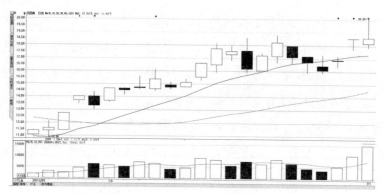

图4-3   2015年10月中下旬贝因美股价一路上涨

　　婴童市场巨大的容量和潜力同样吸引着众多的国际品牌。2002年贝亲进入中国市场，十几年的运营让其婴幼儿奶瓶、洗护用品、湿巾等产品占有了较高的市场份额，紧随美国强生，成为第二大婴幼儿日用品的品牌服务商。

　　近年来，迪士尼、好孩子等国际品牌也都相继推出此类产品，欲求把市场做大，占领更广大的市场空间，实现多元化发展。

　　政策催热了"婴童经济"，商家纷纷使出"二孩装备"的营销手段，促进孕妇装、奶粉、儿童玩具、童装等孕婴生活必需品的销售。与此同时，家政市场上也出现了"月嫂荒"现象，

　　本就在提高的月嫂薪酬因为二孩政策再次走高，大部分优秀月嫂的月收入已经过万，各式各样的月子养护、上门产检、辅助生殖等新兴服务也应运而生，且大受欢迎。"婴童经济"还衍生出教育、健康等更多婴幼儿服务类的细分领域，这些新生市场将会是一

片蓝海。

另外，母婴电商也是"婴童经济"大礼包的受益者。数据显示，2015年婴童市场交易规模达到2.3万亿元，线上部分3600亿元，由于人口增速的提升，母婴行业整体市场出现30%的增速。2014年、2015年婴童电商的市场规模还出现了三位数的增长，这也意味着每年婴童电商的交易规模都在翻倍。受益于"全面二孩"带来的人口红利，母婴电商呈现爆发式增长。

当然，婴童经济引发的大消费需求对不同行业的影响，也会根据新生儿的不同成长阶段体现出相应的时间性：一是产前阶段（怀孕期），影响到的将是与孕妈妈相关的助孕、营养保健、产前检测等相关行业；二是婴儿阶段（0～1岁），奶粉、尿布、新生儿体检等与初生婴儿用品相关的产业会是最大的受益者；三是幼儿阶段（1～3岁），童装、玩具、儿童家具、早教等相关产业的成交额将实现稳定增长；四是学龄前儿童阶段（3～6岁），幼儿园、游乐场、文具等相关产业的需求也会日益增加。

在新生儿成长的不同阶段，各个相关行业都将受到消费需求的支撑。新生儿的大幅增长将使大消费需求持续高涨，相关行业将实现高速增长。

广阔的市场前景引爆的还有资本市场。2015年，在资本力量的强势推动下，几家规模较大的婴童公司疯狂烧钱扩张。数据显示，截至2015年11月，婴童行业当年共完成投融资项目34个，融资金额超70亿元，大部分融资都成功熬到了C轮。市场的巨大增量空间点燃了投资方的狂热。

　　总之，二孩政策的全面开放在提高生育率的同时也会对资本市场的相关领域产生极大的影响并带来相关投资机会。此前，市场已对"全面二孩"期待已久，此次政策落地，必将使"婴童经济"板块再度升温，优质龙头企业将会长期受益。

4.2　产前阶段的投资机会

健康孕产、生个健康的宝宝，是每位想当妈妈的现代女性和每个家庭的共同心愿。当这个愿望无法实现或者每个人都想更好地实现的时候，很多企业就瞄上了这个痛点。一批批帮忙怀孕的、帮忙健康孕育的服务机构应"孕"而生。"孕"市场为资本开辟出"钱"景无限的产前投资机会，而"全面二孩"更是让备孕和孕期市场成为新的投资风口。

1. 备孕市场

调查显示，15～59岁的女性中，有婚后生育孩子意愿的占75%，而这部分人群中有10%～15%的家庭遇到了不孕不育的难题。中华医学会生殖医学分会的专家曾经披露：中国内地不孕不育的发生率已经由20年前的3%增长到现在的12%，人数超过4000万，接近发达国家水平，未来的发展状况更加令人担忧。此外，二孩政策全面放开后，想生二孩的高龄夫妇数量增多，进一步助推了不孕不育的发生率。

助孕机构主要采用辅助生育技术来帮助不孕不育家庭完成孕育

愿望，而提高生育能力的食物或中药是必不可少的助孕疗法之一。艾美仕作为全球领先的医药健康产业信息咨询公司，在一项"妇科及不孕不育疾病治疗领域药物市场调研报告"中指出：2012年，不孕不育治疗药物市场销售额为15亿元人民币，年复合增长率为24%。其中，中药产品的销售额有六千万，年复合增长率达到了40%。

广州的中医文化底蕴深厚，由于"全面二孩"政策带来的巨大市场，其中医药产业更是迎来了新的发展契机。广药白云山中一药业的"滋肾育胎丸"越来越受到市场的欢迎，2016年定下的销售目标是迈过一亿元的大关。仅在2016年1月份，其销售额同比增长了3.4倍，一亿元大关指日可待。

4000万的潜在客户群体带来的是大约5000亿元的市场规模，中药5.9亿元的市场容量只占了这块市场千分之一的份额。治疗不孕不育是一项长期的孕期管理服务，涉及的费用普遍较高。以试管婴儿为例，目前，一个试管婴儿的费用大约在3万～6万元，相关调研报告显示，国内试管婴儿的潜在市场规模约为152亿元。

孕育率不断下降推动了社会大众对健康孕育的关注和消费，很多家庭把健康孕育扩展到了备孕期，孕前3～6个月内就开始借助营养品、健身、助孕产品来调节生理机能，以期完美受孕。而这也给了很多企业以及资本更多的机会。

2016年2月26日晚17点，"孕橙排卵笔"在京东众筹正式上线，1小时内销售额速破10万元。

"孕橙排卵笔"是北京爱康科技有限责任公司旗下孕橙品牌的二代产品，运用源自欧美的"自然孕育"的原理，测试女性的基础体温等体征信号，然后进行科学推算，为备孕中的女性提供指导性建议，帮助她们"顺应自己的生命信号"积极备孕。

类似"孕橙排卵笔"这类的助孕器在欧美市场上早已被女性用户广泛推崇，这几年才在中国刚刚开始，市场前景非常广阔。孕橙企业于2013年6月成立，其一代产品于2014年9月推出后至今已销售了万余支，APP累计用户超过10万人。2015年就完成了由汉能投资领投的数百万美元的A轮融资。

整个社会的健康孕育意识逐渐增强，健康备孕市场逐渐发展起来。二孩政策一出台，淘宝指数中"备孕"一词的热度在一周之内环比上涨了98.2%。备孕潮引起相关企业的注意，他们纷纷把目光放在了与备孕有关的热销产品上。

2. 孕期市场

如果说备孕市场是理性的，那么孕期市场就有点疯狂了。所有的女人在知道腹中有了新生命以后，都会产生一种与生俱来的购物冲动，似乎要把自己对宝宝的一切热情全部投入在购物上，各种囤货，各种买。防辐射服、孕妇护肤品、孕妇装、孕妇睡枕、胎心仪、孕妇奶粉及各种营养药剂，都在孕妈妈们的扫货范围之内。商家更在孕妈妈身上做足了文章，打着"健康孕育"的旗号，开发出各种各样的孕期产品。

此外，为了有个健康的宝宝，并能够顺利生产，孕妇及胎儿检测、孕妇身体的健康成为全家人关注的焦点。近几年来，中国妇幼保健所的诊疗人次加速上涨，增速由7.6%上升至14.7%。

全面二孩政策的受惠人群很大一部分是30～40岁的高龄妈妈，她们的最大挑战是身体素质和生育能力双重指标的下降。医学上认为35岁以上女性怀孕属于高危妊娠，胎儿染色体异常、畸形的风险增加。一旦受孕成功，需要及时进行产前检查，同时做好孕期养护。

影视明星黄晓明格外看好这块市场，投资了一家专注于妈妈群体的健身O2O项目"芭比辣妈"，试水孕期市场。芭比辣妈以孕期

准妈妈为细分用户群体，提供上门孕期健身养护服务，2015年完成300万元的融资，影视明星黄晓明是该公司的种子期投资人（如图4-4所示）。

图4-4　芭比辣妈品牌Logo

除了孕期健身，以往在公众认知中并不显眼的第三方医学检验，通过"互联网＋"的形式也将切入到这块市场，并逐渐崭露头角。目前来看，这一领域的模式矩阵包括医生与孕妇社群的对接、孕期私人医生服务、远程无线胎监系统。这些新兴的服务模式，除了重度垂直，在用户积累上走的都是小而精的路线，被资本看好。

高龄妈妈让孕期市场上的产前检查、养护业务分外繁忙。另外，由于城市女性的工作压力和快节奏的生活习惯，她们也普遍面

临着"双标下降"的挑战，不可避免地成为孕期市场的目标顾客。

　　无论是起步阶段的备孕市场还是有点疯狂的孕期市场，都让我们看到产前阶段的巨大投资价值，而围绕备孕和孕期的一系列医药、养护、保健类的健康企业也将毫无疑问地迎来新一轮的增长态势。

4.3　新生婴儿带来的投资风口

婴儿潮的到来，首先受益的将是母婴零售市场。奶粉、尿布、婴儿车、婴儿床，以及其他各类形形色色的新生儿用品都会成为热卖商品。随着新生代父母消费观念的转变和消费潜力的深入挖掘，母婴消费方式也在不断升级，从而为母婴产业长期发展奠定了基石。

现在，商场中各大服装店内顾客寥寥无几，而为婴童提供服务的游乐场和各大生活馆、孕婴用品店却人满为患，异常火爆。

母婴市场的吸金力超强。例如北京朝阳大悦城中的婴童配套设施最初仅有10%，而现在已经扩增到了20%，店内产品也从早教项目扩展到了婴童零售等多个领域，像星期八小镇、5号停机坪等都是后起之秀，一些婴儿纪念品、月子服务机构甚至还把生意抢到了产房内。

"您好，您想为孩子做胎毛笔或者手脚印，留个纪念吗？这是我们的样品，凡是在我们店订制纪念品的，首次理发、剪指甲、剃眉毛都免费，而且我们还可以提供婴儿上门理发服务。"一位母婴生活馆的业务员在一家医院的产房外边说边递着手中的样品和宣传彩页。

这些婴儿纪念品各个价格不菲，普通胎毛笔市场价在200元左右，材料越好，制作工艺越复杂，价格也越跟着水涨船高。比如景泰蓝笔杆胎毛笔的价格是三百多元，水晶脚印八音盒纪念品的价格是六百多元。

高得有些离谱的价格背后是惊人的高利润。一支木质胎毛笔的价位在200元左右，它的制作工艺只是木质笔，成本不到15元。而把婴儿的胎毛放进去，这支笔的身价就翻了十几倍。其中的利润空间可想而知。

母婴市场是一个叠加了新生儿和产后妈妈的双重市场，新生儿的降生将带来婴儿和产后妈妈市场的双重投资风口。

1. 婴儿市场

一个新生命的到来除了会给妈妈带来阵痛之外，更会给一个家庭带来经济上的震荡。孩子一出生，就面临着住院费、哺乳费、医疗保健费等各种各样、五花八门的费用支出。一项宝宝养育成本的调查显示，一个普通家庭每个月在婴儿身上的花费为2000～5000元，按消费额度划分，排序依次为月嫂、奶粉、纸尿裤、护理、玩具及各类育儿用品。宝宝的消费占到了家庭消费的25%～50%。

高质量地养育宝宝已经成为一件奢侈而流行的事。二孩政策带来的每年200万的婴儿增量，每年可带来40亿～100亿元的业务增长，再次让"婴儿经济"成为一个投资风口。

阿里巴巴的一组分析数据显示，在消费达人的消费偏好中，婴儿产品的消费力明显高于普通产品。在聚划算平台上，婴儿产品更受消费者的青睐。

2016年3月15～17日，聚划算结合阿里巴巴高端会员apass大数据推出"爸妈大赏"主题活动。该活动上线不到24小时，好奇纸尿裤成交了12000多件，全棉时代婴儿棉柔巾成交24000多件（如图4-5所示）。

图4-5　聚划算母婴用品界面

二孩政策让"婴儿经济"再度成为投资风口。《2015年中国线上母婴市场发展白皮书》显示，2015年婴儿市场交易规模是2.3万亿元，线上部分为3600亿元，由于人口增速的提升，整体婴儿行业市场出现30%的增速。2016年这一数字有望继续攀升，奶粉、玩具、纸尿裤、童装等产业都将迎来利好期。

"80后"、"90后"人群成为生育主体，对消费模式和消费理念要求提高，加上婴儿市场本身巨大的体量，将为婴儿产品带来巨大红利市场。

二孩政策实施以后，"婴儿经济"产业链上的各路力量都铆足了劲往风口上跑，都希望在奶粉、纸尿裤、玩具等婴儿用品市场上赚个盆满钵满。

奶粉作为婴幼儿成长的刚需和高频次消费产品，其生产商是"婴儿经济"最大的受益者。

惠氏2015年官方销售额达到110亿元，达能、牛栏、美素的官方销售也都达到了100亿元。国产奶粉品牌虽然没有一个体量达到了100亿元，但是股价却一路上涨。其中，贝因美的股价涨了10.2%，雅士利的股价涨了6.25%，伊利、飞鹤也都有不同程度的涨幅。

二孩政策全面放开后，婴幼儿奶粉市场需求预计每年有百亿以上的上升空间。未来四年，如果按照每年新生儿200万的增量来计算，假设每个婴幼儿的奶粉年均消费额为5000元，未来四年母乳喂养率为30%、35%、40%、45%（国家卫计委提倡2020年实现纯母乳喂养率达到50%），考虑婴幼儿0～1岁的喂养需求，则未来四年每年奶粉需求的增速将分别是16.2%、25.2%、14%、6.3%。

婴儿辅食和零食，如米粉、磨牙棒、肉松等，是奶粉之外婴儿最主要的食品。"80后"、"90后"妈妈很愿意买一些营养丰富、方便有趣的辅食和休闲零食给宝宝食用。预计到2019年，婴儿食品的市场规模约为1700亿元，较2015年增长80%，未来四年的增速分别为23.8%、28.8%、11.9%、0.9%。

婴儿出生四个月后都会相应地添加一些辅食。辅食添加有两方面的重要作用：一是添加的营养素弥补单纯奶制品的不足，促进孩子健康生长；二是训练孩子胃肠道功能、咀嚼等生理功能。即使母乳非常充足，宝宝满六个月后也要开始添加辅食。

营养米粉是婴儿最好的辅食，其中强化了钙、铁、锌等多种营养素。宝宝六个月之后还应给孩子添加富含铁的水果泥、蔬菜泥、肉泥、肉松等食品。未来四年，婴儿辅食市场的需求空间分别为57亿元、121亿元、103亿元、97亿元。

近几年，除了婴儿用品、食品，婴儿服务也在进行着裂变和发展。众多企业争相进入，新的服务项目如启智、游泳、新生儿纪念品等不断推出。值得注意的是，凡是涉及婴儿的服务项目价格都不便宜。由于是新兴业务，目前市场上并没有叫得响的全国性品牌，资本进入后能够形成规模效应。

2. 产后妈妈市场

新生儿不仅自己要花钱，妈妈产后也需要特殊的照顾和养护，商家越来越关注产后市场。宝宝出生后给妈妈带来很多身体和心理上的变化和困扰，因此催生了一批产后心理辅导、产后修复、新手爸妈课堂类的新兴服务模式。这些产业虽然刚刚起步，鉴于其在国外的良好发展势头，未来在国内市场上应该也会有不错的表现。

据相关调查，大部分产后妈妈都有不同程度的产后抑郁症，她们都需要产后心理辅导。而且在国内，几乎所有的新妈妈都需要坐月子，70%以上的妈妈需要减肥，50%以上的新妈妈需要除疤痕，

100%的妈妈需要心理和身体上的排毒。有多少个新生儿，就有多少位产后妈妈，这个庞大的群体为产后市场提供了充足的购买力。

在众多的产后服务机构中，月子中心以不可阻挡之势在国内一线城市异军突起。顾名思义，月子中心的主要功能是月子期的护理，帮助产妇快速恢复身材，指导产妇新生儿养护方面的知识和技能，并帮助照顾新生儿。

月子中心提供的是特性化的产品和服务，针对每位消费者的情况量身定制比较科学的套餐服务，收费标准从4万～50万不等。主要的消费人群是35～50岁有一定经济积累的中高端人群，明星群体所占比重较大。

相较于高大上的月子中心，九成以上的普通人会选择价格更加亲民化的月嫂。庞大的市场需求让金牌月嫂的价格一路飙升至万元以上（如图4-6所示）。

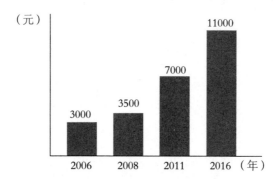

图4-6 2006～2016年月嫂月薪增长图

针对母婴这样特定的人群，母婴市场正在将产品和服务逐渐进行深入细分和丰富，有些早期进入者已经在某个细分领域取得了市场的成功，有些仍在挣扎发展。

新生儿经济将重新激活中国零售市场的活力，除了母婴市场收益颇丰之外，轻奢黄金饰品市场也将受益明显。在我们国家，直系亲属中的长辈一向喜欢选购一些金银饰品送给家中的新生儿。"4+2+1"或者"4+2+2"的家庭结构将进一步提振金饰的消费需求。如果每个家庭（爷爷奶奶、姥姥姥爷）赠予新生儿两件金饰，每件均价为3000元，每名新生儿对金饰的消费至少在6000元左右。按照每年1600～2000万的新生儿数量来算，仅新生儿在未来五年内就将完成1000亿元以上的黄金饰品的消费。

在母婴市场巨大的市场前景感召下，资本也狂热起来。数据显示，截至2015年11月，母婴行业当年共完成投融资项目34个，融资金额超70亿元，大部分融资项目都在C轮以上。母婴作为最尖端的消费群体，市场的巨大增量空间加速了投资方的狂热。

4.4　幼儿带来的"孩儿经济"

全面二孩政策开放之后带来的新增婴幼儿意味着新的经济增长点的出现。首先，婴幼儿人口的增加会降低社会的储蓄率，增加消费率。据统计，婴幼儿消费支出占整个家庭收入的25%。二孩政策全面放开带来的新生人口增量将促使婴幼儿消费支出以9%以上的速度逐年递增。

在此基础上，中国已成为仅次于美国的全球第二大孕婴童消费市场。2014年，中国婴幼儿平均每年的消费金额为7727.85元，城镇家庭婴幼儿平均每年消费金额为10883元。据此测算，2016～2019年期间，全面二孩政策带来的新生儿增量，将使婴幼儿市场产生千亿元的扩容。

而大消费需求的持续高涨，也势必在不同时段使医药、童装、早教等相关行业为此受益。

1. 医药行业

婴幼儿人群的扩增对医药市场也将产生深远而重大的影响。首先，婴幼儿的增加给疫苗行业也创造了更广阔的市场和发展空间。疫苗作为特殊药品，主要用于婴幼儿的疾病预防，二孩政策的放开将刺激整个疫苗行业的消费需求。

另外，中国医药市场上还存在儿童药品需求量大，但儿童药品供给严重不足的现象。中国总体医药市场规模为9261亿元，儿童用药仅占其中的5%，而中国0～14岁的儿童人数占全国总人口的16.6%。据统计，目前我们国家3500多个药物制剂品种中，婴幼儿药物剂型仅有60种（含中成药），90%的药品没有合适的儿童剂型。全面二孩后，婴幼儿医疗健康市场会变得更加紧俏，每年新增200万的新生儿将带动婴幼儿医疗器械和医疗服务标的快速增长。

2. 童装行业

婴儿潮还将为童装行业注入一个新的增长点。由于婴幼儿发育成长较快，童装消费周期较短，行业本身就具有较大的内在驱动力。相关统计显示，2014年童装行业市场规模达到了1671亿元，同比增长10%。随着婴童人数的扩容、婴幼儿用品消费需求的升级，童装行业的增长速度有望提高到15%～20%，预计到2017年，童装市场消费需求将达到2541亿元。

3. 早教行业

早教是"孩儿经济"的另一支主力军。早教是主要面向1～3岁的幼儿开展的益智启蒙教育。幼儿在三岁前脑细胞会完成一生近80%的发育，可以说观察力、理解力、表达力、精密运动能力、情绪控制能力，甚至于品格道德标准都是在此阶段奠定的，所以0～3岁是孩子成长学习的黄金时期。

这几年，早教市场的营销工作不断深入人心，越来越多的家长意识到早教的重要性，开始注重对孩子进行早期教育。但是现在中国大陆市场上进行早教的家庭只有60万，市场占有率不足1%，而日本的早教市场已经开发出90%的市场份额，韩国达到80%，台湾占据67%。中国大陆还有99%的早教空白市场等待开发。"80"、"90后"父母受教育程序普通较高，而且具备一定的消费能力，早教市场前景更为乐观。

目前，市场上凡是贴着"儿童专用"标签的商品，其价格都比同类普通商品高出几倍，从食品、服装、洗护用品到教育、医药无一例外。父母们出于安全和健康的考虑，似乎也都更倾向于购买贴着"儿童专用"标签的商品，婴幼儿需要被特殊照顾的特性也使得"孩儿经济"更加活跃。

万亿级的市场规模、朝气蓬勃的市场环境引得资本异常躁动，2015年婴幼儿行业投融资项目有130起，平均每个月11起。在获得投资的项目中，绝大部分都是互联网概念的项目，这意味着这次婴幼儿行业的热潮几乎就是由互联网创业引起的。

蜜芽出身于淘宝店铺，2014年3月正式上线，短短两年内完成了四轮融资——2015年9月，完成1.5亿美元的D轮融资，估值超过10亿美元，一跃成为独角兽俱乐部的一员。

蜜芽可谓是整个婴幼儿市场中一颗耀眼的新星，在全面放开二孩政策后，为了在这波浪潮中夺得头筹，蜜芽更是动作频频，加紧布局（如图4-7所示）。

图4-7　蜜芽网界面

2015年，蜜芽与早教机构红黄蓝合作，成立了合资公司，后又战略投资悠游堂，布局婴幼儿产业链的下游；2016年春，蜜芽与美中宜、妇儿医院达成战略合作，完成婴幼儿产业链上游入口的布局。

在跨境供应链建设上，蜜芽布局也非常快，一年之内，先后与达能、惠氏、美赞臣、美素、雅培、帮宝适、好奇、尤尼佳等国际品牌达成跨境合作，实现品牌直采。

在品牌推广上，蜜芽采用娱乐营销的方式，重金邀请汪涵、张柏芝这些大牌明星做代言，在湖南卫视《天天向上》《2016年跨年晚会》等高流量平台投放大量广告。一时间，蜜芽兔这个超萌的动漫形象走进了亿万观众的心里。

如今，蜜芽志在从单一的婴幼儿消费电商平台，升级为引领育儿潮流、改善亲子家庭消费习惯的全品类生活消费向导。它紧锣密鼓地跑马圈地，目的就在于搭建完整的婴幼儿市场生态链。

另一方面，面对婴幼儿市场这块大蛋糕，京东、天猫等巨头也没办法冷静下来，一上来就是烧钱补贴，恨不得把这块蛋糕独揽入怀，不给创业公司一线希望。凭着投资圈的狂热，众多婴幼儿社区＋电商的玩家还是以迅雷不及掩耳之势从京东、天猫这些互联网巨头的扼杀中成功突围，取得了骄人的成绩。

2015年1月22日，母婴特卖平台贝贝网宣布完成由今日资本、新天域资本领投的1亿美元的C轮融资；3月6日，妈妈们的手机移动社交平台——辣妈帮也宣布在C轮中完成由唯品会领投的1亿美元融资，估值同样达到10亿美元；7月份，育儿网宝宝树在上个月刚刚获得上亿元D轮战略投资后，聚美优品又领投2.5亿美元给了宝宝树。婴幼儿市场搭上互联网的顺风车后更加势不可挡（如图4-8所示）。

图4-8 贝贝网界面

2015年下半年，资本寒冬冻得大家直打哆嗦，可婴幼儿市场却热度不减，大受风投青睐，投融资的步伐并没有放缓。但是在2015年下半年，风投偏好有了些许变化，母婴电商开始"退烧"，婴幼儿医疗健康越来被资本看好。婴幼儿医疗健康在2015全年投融资中占到八起，获得投资的几个项目的投资机构都是全球顶级VC，用户增长速度都很快。

自进入2000年以来，中国婴幼儿经济便以年增长率超过30%的速度积极向前发展着。未来十年，"孩儿经济"因其特殊性会进一步细分市场、渠道裂变、创新商业模式，给企业和投资人带来新的机遇。

4.5 不可小觑的学龄前儿童市场

　　学龄前儿童是儿童消费中最为活跃的部分，"全面二孩"将促使这一人群快速扩容，为儿童市场注入更大的活力，也让商家把学龄前儿童市场独立出来，进行了品类更为丰富的市场细分。

　　从中国儿童商业市场发展历程来看，2010年以前，零售业态在儿童市场中一直唱着独角戏，只有极少量的娱乐业态。2010~2013年，儿童娱乐及教育业态比重不断上升，零售业态的市场比重被挤占至40%。

　　2013年，"单独二孩"政策实施以后，婴儿潮出现涨势。从2014年开始，学龄前儿童市场受到重视，被商家细分出来，市场发展越来越多元化，儿童游乐、职业体验、体能拓展、幼教、儿童餐饮、亲子旅游等业态不断被吸收进来，符合学龄前儿童消费特点的市场逐渐形成，并不断被完善。

　　从2015年开始，娱乐业态形式更加丰富，手游、动漫等娱乐形式被吸收进来，打造出了更多适合学龄前儿童的服务项目。同时，娱乐业态也开始融入更多的教育理念，开发出更多寓教于乐、对消费更有吸引力的内容。娱乐业态的商家更是打出"陪孩子一起成长"、"不要过度透支孩子智力"的感情牌和心理牌来抢夺幼教和零售业态的饭碗。最终，在娱乐业态的两面夹击下，幼教占比缩减到了27%，儿童零售业态比重下降至25%，娱乐业态的市场比重节节攀升。

《超级飞侠》是一部全新学龄前儿童3D动画作品，它几乎抢占了国内所有的视频网站，且在不少省级卫视都有着出色的表现。为此，《超级飞侠》在百度搜索的指数不断攀升，在豆瓣上更是好评如潮。

图4-9　动画片《超级飞侠》海报

鉴于《超级飞侠》在市场上的不俗表现，国内动漫巨头——奥飞动漫正版授权发行了一款同样面向学龄前儿童的同名手游（如图4-9所示）。

介入学龄前儿童手游市场的还有上游网络。上游网络拥有《塔防三国志》等诸多优质产品，是国内最早的社交游戏开发商之一。上游网络曾以"庆六一，飞侠献礼"为传播方案进行了小范围媒体测试，测试结果为百度搜索精准用户达到了8000名，次日留存率达到了80%，平均次日留存超过60%，每一项数据几乎都刷新了此类游戏的留存记录，让上游网络看到了学龄前儿童手游市场的潜力。

研究发现，家长们购买学龄前儿童游戏的费用在全球移动游戏市场的消费中占到了7.8%。而目前市场上真正面向学龄前儿童的手游极为匮乏，在《爸爸去哪儿2》之后，似乎很难再找到适合低龄儿童的移动游戏，就连《小黄人快跑》这样的跑酷游戏都被定义为全年龄段游戏。

目前，手游、动漫作为学龄前儿童娱乐业态的补充成分，虽然内容还很单一，但是其巨大的市场潜力一定会吸引越来越多的企业和资本进入。

城镇有孩子的家庭中，子女教育是排在食品之类的必须消费品之后的第二大支出项目。幼教是学龄前儿童必不可少的基础教育，社会和家庭都给予了充分的重视，非常舍得下成本对孩子进行培育引导和熏陶启发。调查显示，近年来，广大家长对学龄前基础教育的重视程度在不断提高，幼教阶段的各项开销也呈明显上升趋势。

托管费或择校费是学龄前儿童教育消费的一大开支。这些年来，随着家长对学龄前儿童教育的重视，许多家长抱着"不让孩子输在起跑线上"的心理，宁愿全家人省吃俭用勒紧裤腰带也要支付较高数额的托管费或择校费，竭尽全力为孩子选择一个办学条件优越、师资力量雄厚的学校。媒体更是频频曝出一线明星为了孩子的教育，争相把孩子送进天价幼儿园。

据统计，2014年幼儿园在园人数有3894.7万，北上广深一线城市每个孩子每个月的课程收费普遍在3000元以上，二三四线城市在500~2000元不等。

在孩子的教育投资上，80%的父母还会为孩子选择1~3个兴趣班、特长培训班，家长们为了扩大孩子的知识面，提高孩子的综合素质，心甘情愿地向这些服务机构掏钱。很多幼教机构也把业务延伸到了下游，把兴趣班、特长班纳入自己的教育体系，并着手布局幼教产业链，为学生提供一条龙服务，把生源牢牢地掌控在自己的势力范围内。

基于幼教市场的广阔前景，越来越多的投资机构触水幼教市场。威创股份作为国内大屏幕数字显示系统和解决方案的专业供应商，于2015年连续在幼教行业投下重注，分别收购了红缨教育、金色摇篮、艾乐教育，并与皇氏集团展开合作，将幼教渗透到媒体、动漫等领域。此外还收购了"贝聊"16.7%的股份，为家长与幼儿园提供一个手机垂直沟通平台。威创又于2016年1月推出定增方案，拟募资25亿元全部投向与幼教有关的项目，力争打造一条完整的幼教产业链。

另外，目前幼教市场渗透率不到20%，随着现代父母育儿观念的不断迭代更新，幼教渗透率将不断提升，预计该市场有望发展到千亿级别。

学龄前儿童市场上零售业态因起步较早，发展已进入成熟期，而娱乐和教育这两大业态虽然长势很快，但仍然处于粗放式的发展阶段，商户之间的关联度、相应的服务配套还有待更多的企业和资本进来深耕细作。

无论如何，种种数据都显示幼教支出在家庭支出比例上占据的份额在不断提升，"先付款后服务"的商业模式也保证了现金流的稳定性，这些都使整个幼教行业更加容易被资本所关注。

第 5 章

干细胞：
生命健康是永恒的朝阳产业

生命健康是永恒的朝阳产业，而干细胞是最前沿、最有前途的产业，它已成为世界高新技术的新亮点，带来的将是一场医学和生物学的革命。干细胞治疗可广泛应用于白血病、老年痴呆、帕金森氏病、糖尿病、中风和脊柱损伤等一系列目前医学界尚不能治愈的疾病，还可满足人们抗衰老的美容健康需求。中国干细胞研究的逐渐深入、政策监管的不断完善、产业链条的全面跟进、海内外资本的不断注入，必将加速科研成果向商业应用的转化、促进市场发育的不断成熟。

5.1 干细胞的奥秘

和人体的200多种普通细胞不同，干细胞具有自我更新和多向分化的潜能，对维持机体稳态和组织损伤后修复具有重要意义，在医学上被认定为"万用细胞"（如图5-1所示）。在未来医学领域，干细胞可以让老年痴呆症患者修复记忆、让严重事故中损伤的皮肤获得新生、让轮椅上的人重新站起来……很多在今天看似不可能解决的医学难题，在干细胞的参与下都将迎刃而解。干细胞是继药物治疗、手术治疗之后的又一场医学革命。

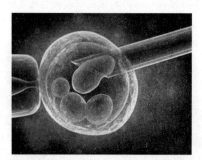

图5-1 干细胞提取

干细胞通过分泌蛋白因子刺激机体自身细胞的再生，可用来修复、替代损伤的组织细胞，在现代医疗领域被用来治疗血液免疫系统疾病、神经系统疾病、心脑血管疾病、肿瘤等多种难以治愈的疾病。

干细胞具有低毒性、取材广泛、治疗范围广阔的优点，还是最好的免疫治疗和基因治疗载体，倍受医学界和科学界的青睐。中国于20世纪60年代就开始了骨髓移植研究，70～80年代陆续展开骨髓移植应用于血液病的临床治疗，进入20世纪90年代后，骨髓移植、外周血和脐血干细胞移植逐步普及到血液病和肿瘤的治疗过程中。现在，中国应用骨髓移植治疗白血病等恶性血液疾病已进入成熟期。

2010年，IPS细胞（人体细胞重编程为诱导多能性干细胞）接近临床应用，之后在修复受损组织、异种器官移植、免疫耐受性和产前治疗研究等方面取得突破性进展。而"治疗性克隆"研究领域获得的重大技术突破，成功解决了克隆皮肤、软骨、心脏、肝脏、肾脏、膀胱等同种异体组织或器官的来源问题。目前，中国干细胞的研究能力可比肩欧美发达国家，干细胞产业临床研究和存贮技术居于国际领先地位，骨髓、脐带、胎盘干细胞研究方面的能力处于国际先进水平。

随着干细胞技术的不断发展，未来干细胞将广泛应用于糖尿病、帕金森氏综合征、老年痴呆症、重症肝炎、角膜病、白血病等多种难以治愈的病症治疗。另外，干细胞技术还将逐渐渗透到整形、伤口愈合及嫩肤、抗衰老等美容美体领域。

据统计，中国现今有2.4亿心脑血管疾病患者、5800万糖尿病患

者、9400万阿尔茨海默（老年痴呆）患者、1460万血液肿瘤患者和3150万重症肝病患者，另外，还有300万人等着角膜移植。

2010年，干细胞年鉴中记载，干细胞以平均每年34%的复合增长率高速增长，到2025年，中国干细胞移植治疗的潜在需求预计达到一万亿人民币。

干细胞最重要的作用是激活人体内的休眠细胞，替换人体内有疾病和衰老的细胞，复原人体功能，使人在相貌上变得更年轻，在机能上变得更年轻更健康，帮助人类逆转人体老化进程，不停地更新自己，不仅实现人们"逆生长"的愿望，还能延长生命的长度。

随着人们生活水平的不断提高和干细胞价格的逐步降低，中国居民对干细胞治疗、保健和美容的需求会越来越强烈，中国将成为未来全球干细胞产品的最大市场。面对巨大商机，许多风险投资纷纷介入。

新日恒力于1998年上市，主营钢丝绳，近年来由于煤炭、钢铁行业整体不景气，而金属制品行业的竞争不断加剧，公司经营日渐力衰。

2015年，新日力恒看准了干细胞市场，以15.66亿元并购博雅干细胞80%的股份，通过并购等方式涉足其他产业，谋求转型升级。

博雅干细胞以制备和储存干细胞为主营业务，具体包括新生儿围产组织的间充质干细胞、造血干细胞的制备及储存，以及成人免疫细胞的制备与存储业务。2013年、2014年及2015年上半年的营业收入分别为7371.36万元、8521.38万元、4013.77万元，净利润分别为123.53万元、102.42万元、833.16万元。

庞大的潜在市场、难以估量的市场前景，为干细胞产业带来了巨大的投资机遇。越来越多以干细胞研究和应用为主体的生物公司相继诞生，目前已基本覆盖了从存储到临床应用的完整干细胞产业链，中国干细胞医疗产业已基本形成。参与的大型医药企业数量在不断提高，国家的政策也以扶持为主，干细胞产业市场的前景也将变得更为广阔。不论是临床研究、研发外包还是服务机构，都将在这个产业链中占有巨大的市场份额。

干细胞行业研究数据显示，中国干细胞市场马力十足，2009年中国干细胞市场约为20亿元，2012年中国干细胞市场规模达到了62亿元，2015年干细胞年产业收入达300亿元（如图5-2所示）。

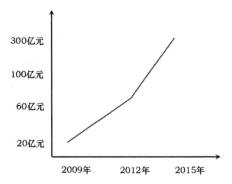

图5-2　2009～2015年中国干细胞市场规模增长图

放眼全球干细胞市场，由于欧美国家相关政策的不断放松和完善，跨国公司纷纷统筹布局，干细胞在资本狂欢中得到大力发展，北美地区更是占了全球干细胞近一半的市场。而亚太地区相对薄弱，仅占到17%的市场份额。

干细胞产业集群发展能够推动区域产业整体研发和产业化竞争优势的提升，加速技术创新和技术扩散的进度。目前中国已经建立起包括华东、天津、青岛、无锡、泰州、西安等地的国家和地方多家干细胞产业化基地，产业化基地的相关业务涵盖干细胞存储、干细胞技术研发、干细胞应用研究以及干细胞临床移植、治疗等业务。

2010年，科研院所、三甲医院、重点高校、行业企业联合发起的国家干细胞与再生医学技术创新战略联盟，有效促进了干细胞技术从实验室走向应用和临床，推动了基因工程药物科研成果向实际生产力的转化，为推动干细胞与再生医学技术创新、成果转化和产业发展创造了条件。

虽然中国干细胞产业目前尚处于初级发展阶段，但是科研与企业的合作将推动中国干细胞治疗、保健、美容商业化的形成。

5.2　新际遇：国内国外多重催化剂持续加码

　　炙手可热的干细胞产业，吸引着一波又一波的资本向此聚拢。据专业的资本研究机构预测，干细胞将在未来几年内迎来新的发展际遇，甚至有人预言干细胞治疗在2016年将进入爆发期。

　　干细胞治疗应用前景巨大，然而到目前为止，干细胞获批上市的药物还很少，随着干细胞技术的不断进步、政策监管的不断放开和完善，未来两年细胞治疗在全球将有可能迎来爆发。而国内国外多重催化剂的持续加码，也让人看到干细胞治疗发展的新际遇。

　　美国的"FDA（美国食品和药物管理局）III期+政治大选周期"，使奥巴马政府极有可能进一步推进包括干细胞治疗、精准医疗在内的高端生物医药的发展。从临床周期上看，干细胞产品倾向于集中获批上市，目前大量干细胞药物处于FDA的临床III期，FDAIII期临床试验的周期一般为1～4年，而上一个全球干细胞集中上市的时间段为2011～2012年，新一期的干细胞药物将在近期集中获批上市。

从美国的政治周期来看，民主党和共和党态度迥异，凡在民主党主政期间，美国政府都倾向于支持干细胞治疗，例如隶属于民主党的奥巴马于2009年解禁政府对干细胞的资助。但是共和党主政期间，美国政府一般倾向于禁止和干预干细胞治疗，像布什就在2007年否决了干细胞研究法案。随着美国总统大选的临近，2015年，奥巴马政府加码精准医疗的快速发展，2016年，奥巴马政府极有可能在最后任期内进一步推进精准医疗、干细胞治疗的发展。另一方面，企业为了规避政策风险，也会抓紧运作，争取相关干细胞药物获批上市。

2014年12月，欧盟批准成立的首个干细胞治疗产品Holoclar面世，这个产品主要用于治疗由于眼部灼伤导致的中度或者重度角膜边缘干细胞缺乏症的治疗。Holoclar是获批的首个含干细胞的先进治疗产品，也是首个用于治疗角膜缘干细胞缺乏症的产品。

欧盟的干细胞研究一派生机勃勃的景象，尽管部分前沿研究仍处于探索阶段，但主要研究活动已转向应用研究或商业化应用方向。

再放眼日本，2014年9月12日，日本理化研究所宣布利用能发育成多种细胞的iPS细胞制成了视网膜细胞，并且成功将这种视网膜细胞移植到一名渗出型老年黄斑变性女患者的右眼中。这是世界首例利用iPS细胞完成移植的手术。六天后该患者出院，没有出现并发症，视力恢复情况良好。

干细胞在国际市场上的利好形势，促使中国政府也一步步放开干细胞研究枷锁，精准医疗将被列入"十三五"重大科技专项，进一步催化干细胞产业的发展。

人在60岁以后的医药开销在所有消费中占比高达90%。2014年，中国60岁老年人口占总人口的15.5%，这个数字每年都在增长。中国药品和医疗服务将一直保持中高速发展，但是与此相比传统医疗远远无法满足发展中的需求，绝大部分传统药物都是根据一般病人设计的，无法满足局部针对治疗的需求，所有人都用同一种药物其直接结果就是药物的排斥性。

在这一背景下，精准医疗的优势开始凸显。精准医疗以基因测序、大数据为基础，本质上是个性化的治疗，针对每个人的特征、疾病的类型，采取不同的治疗方案。

目前，纳入美国基因数据库的人数达到了100万，精准医疗已经纳入医保，在这一领域的投入产出比是1:175。而中国基因数据库的量级将远远超过这一数据，相关人士建议，中国也应该尽快将精准医疗的相关基因检测项目纳入医保报销范畴。发展精准医疗能拉动国内消费，将给国家GDP带来1%的增量。

干细胞治疗与基因测序的互补性注定了干细胞治疗与精准医疗之间天然密切的联系，精准医疗的立项必将助推干细胞治疗的发展。干细胞治疗的核心技术在于对干细胞进行诱导分化，使其分化为具备临床治疗所需功能的细胞。而控制细胞分化过程的是细胞核内的DNA，诱导干细胞定向分化的一个重要手段就是对细胞核内的

DNA进行调控。从这个意义上说，基因测序与干细胞治疗存在天然的互补关系（如图5-3所示）。

图5-3　基因测序与干细胞治疗的互补关系

　　中国干细胞市场前景广阔，2007～2012年的复合增长率达到50%以上。但是由于政策、法规滞后，尤其是2012年后卫生部叫停干细胞治疗，整个干细胞产业链都陷入了停滞状态。2015年，我国干细胞监管三大文件《干细胞临床试验研究管理办法》《干细胞临床试验研究基地管理办法》和《干细胞制剂质量控制和临床前研究指导原则》，以及《国家重点研发计划干细胞与转化医学重点专项实施方案》的相继出台，一方面改变了干细胞市场监管的空白，为干细胞产业稳定有序的发展奠定了基础，另一方面也标志着国家对干细胞市场发展的限制政策将逐步放开。政策一旦放开，行业内的龙头企业将快速发展起来。

　　在全球新药集中上市、欧美国家持续推进、国内政策空间不断放开等多方面的持续催化下，干细胞产业将成为一个新的资本风口。其中全产业链布局且掌握稀缺资源的干细胞公司更容易脱颖而出，很有可能成为资本的新宠。另外，由于干细胞治疗与基因测序的互补性，使得在精准医疗与肿瘤细胞治疗方面深度结合的企业发展空间会更大。如果从更长远的角度来看，2015年奥巴马把肿瘤细胞治疗确定为精准医疗的中短期核心目标，那么资本也应该往肿瘤免疫治疗与大数据方向进一步布局。

5.3　政府背书：政策出台，临床干细胞研究进入法制轨道

2015年，中国政府相继出台若干政策，针对干细胞临床研究、制剂制备、研究基地管理等不同方面进行了系统规范，临床干细胞的研究进入法制轨道。

早在2004年12月，中国第一个干细胞创新药物——骨髓原始间充质干细胞，就拿到了CFDA（国家食品药品监督管理总局）颁发的一期临床试验批件（如图5-4所示）。2006年4月，该药物二期临床试验获批。2008年9月，该药物提交了三期临床试验申报材料后，卫生部以干细胞治疗涉及重大伦理问题为由，停止了对干细胞临床试验的审批。

承办日期	产品名称	受理编号	类型	申报机构	审批状态
2001	注射用重组人干细胞因子	CSL01037	治疗用生物制品	深圳科兴生物工程公司	批准临床试验研究
2003	注射用重组人干细胞因子	CSL20020071	治疗用生物制品	第二军医大	批准临床试验研究
2004	骨髓原始间充质干细胞	X0400586	治疗用生物制品	中国医学科学院基础医院研究所	批准临床试验研究
2004	脐带血巨核祖细胞注射液	X0404120	治疗用生物制品	军事医学科学院野战输血研究所	批准临床试验研究
2004	脐带血红祖细胞注射液	X0404119	治疗用生物制品	军事医学科学院野战输血研究所	批准临床试验研究

图5-4　CFDA批准临床试验研究列表截图

干细胞在中国发展的早期，由于没有相关方面的法规约束，一些"江湖游医"唯利是图，严重扰乱了市场秩序。一时间干细胞治疗领域乱象丛生，卫生主管部门发号施令，严禁一切干细胞科研成果向临床转化的研究与应用。2009年5月，卫生部把干细胞划为需要严格监管的"第三类治疗技术"，暂停了所有干细胞药物的审批，但是并没有出台相关的监管措施，以至于不但没有消除乱象，还让一些遵纪守法的企业举步维艰。

北科生物于2005年进入干细胞治疗领域，申请的干细胞领域的相关专利就有40余项，其中20项都获得了授权。这样一家实力不凡的企业就在混乱的市场中遭遇了"滑铁卢"。

那时候干细胞市场上人才奇缺，北科生物拥有一支高精尖的研发队伍，他的人才异常抢手，骨干成员屡屡被挖，还曾发生过核心团队集体流失的事件。北科生物CEO胡祥说："不要说其他公司，我们的股东都从这里挖人。"北科生物的技术副总、行政副总和运营副总相继被挖。

与此同时，大大小小的干细胞企业相继在市场上涌现，他们不仅抢了北科生物的病源，还抢走了北科生物的合作医院，市场一时更为混乱，北科生物面临着生死存亡的巨大挑战。

2011年10月，卫生部发布文件，采取多个措施强化对干细胞市场的监管。事后不久，又要求停止在治疗和临床试验中试用任何未经批准使用的干细胞，并停止受理新的干细胞项目申请。2012年，政策进一步收紧，国家卫计委发布了《关于开展干细胞临床研究和应用自查自纠工作的通知》，叫停正在开展的未经批准的干细胞临床研究和应用项目。

2012年，政府叫停未经批准的临床干细胞研究和治疗之后，北科生物的主营业务开始转向了干细胞储存。但是因为市场进入较晚，北科生物连年亏损，2012年亏损3158万元，2013年亏损2793万元，2014年前8个月亏损1529万元。

北科生物投资的13家公司中，7家公司未能正常经营，一家公司停业。创业板推出之后，北科生物曾计划上市，但是由于干细胞业务引发的诸多争议，被政策挡在了门外。

2013年至2014年8月间，北科生物发生多起股份转让事件，CEO胡祥持有的股份增至82%。2014年12月23日，北科生物因力不从心，以1.19亿元出让给中源协和13%的股份。

碍于政策，北科生物的发展处处受限，对政策性法规的恪守让它最终选择了投靠中源协和。此时，中国政府对临床干细胞研究的封冻已达五年之久，严重妨碍了中国再生医学的发展，业内人士一致认为，国家应该为干细胞治疗制定一个绿色的审批通道，而不是无所作为。

2015年3月5日，中源协和高调宣布其子公司和泽生物研制的干细胞新药——脐带间充质干细胞抗肝纤维化注射液（CXSL1200056），已向药监总局申报，目前正在"审批"阶段。

中源协和从事干细胞研究已有15年的经验，并购北科生物之后更是如虎添翼，市场极其看好它的脐带间充质干细胞抗肝纤维化注射液，认为它有望通过审批。而此药一旦获批，即可获得临床许可。但是中国干细胞临床审评自2009年来一直处于停滞不前的状态，中源协和最终未能如愿。

干细胞被认为是中国目前唯一可以打入美国市场的医药产业，如果发展顺利中国极有可能在未来国际市场上占有一席之地。目前，国际上已有8种干细胞药物或技术获批上市，并应用于临床。美国、韩国、加拿大、日本等多个国家都走在了临床干细胞研究的前头，但中国并不在列。

中国有世界第一的人口，也是世界第二大经济体，干细胞治疗的需求和市场巨大，许多产品都能够形成百亿元的年销售规模，可以成就一批优秀的医药公司。

在国内外市场的重重压力下，国家卫计委听取了业内人士的各项意见，形成专文报送上级。终于在2015年，《干细胞临床试验研究管理办法》《干细胞临床试验研究基地管理办法》和《干细胞制剂质量控制和临床前研究指导原则》三大文件破茧而出，国务院取消第三类医疗技术临床应用准入非行政许可审批，将审批权下放，为临床干细胞研究的发展提供了有力的法律保障，也似乎预示着国家对干细胞项目有松绑的态势。

监管政策的出台将加速干细胞产业化的进程。首先可以为干细胞药物审批过程提速，目前已有不少实力非凡的研究机构和企业做好了从硬件到软件的准备工作，政策一放开即可启动产业化；其次可以进一步激活干细胞临床研究与应用。

干细胞产业从市场边缘迈入了正轨，不断赢得资本的青睐，为产业龙头提供了并购整合的潜在标的。一方面，塞尔基因、诺华、强生等海外药品巨头通过并购进入该领域。另一方面，国内的很多房地产、矿业资本也进入该领域。

2015年3月，政府批准北科生物试点建设区域细胞制备中心。区域细胞制备中心的建立，可以让中国企业有机会通过投资参股或收购等方式参与到干细胞产业的源头，让发达国家的多年投入和研发成果为我所用。而率先建立起与干细胞产业相适应的基础设施，是中国临床干细胞研究实现跨越式发展的关键。

5.4 干细胞研究推动医药投资新蓝海

目前用于药物筛选的细胞都来源于动物或癌细胞这类非正常的机体细胞，干细胞研究的新方向在于经体外定向诱导，为人类提供各种组织类型的人体细胞，使更多类型的细胞实验成为可能。

自克隆羊多莉诞生以来（如图5-5所示），干细胞研究不断取得突破性进展：英国马丁·伊文思爵士发现了胚胎干细胞，加拿大斯坦曼教授使用自身DC细胞治疗癌症，日本中山伸弥教授成功诱导了再诱导多能干细胞，中国科学院院士吴祖泽在应用干细胞因子进行抗辐射临床研究方面贡献卓越，宇宙中的一颗小行星被永久命名为"吴祖泽星"。

图5-5　世界上第一只克隆羊多莉

胚胎干细胞由于能够提供对新药药理或者毒理等方面的研究，从而与各种其他候选药物相比大大提高了减少了药物检测需要的样本数量，这样就间接降低了试验成本。除此之外，由于干细胞一部分特征与胚胎细胞特征相似，因此能够用于检测哪些药物对胎儿发育有影响。从本质上看，胚胎干细胞还可以无限量地演化成人体系统，在探索稀有蛋白的方向上有着广泛的作用，也正因为这些优点，国际上的许多制药公司和学者都瞄准了胚胎干细胞这一重要的研究领域。

数据显示，中国的糖尿病药物市场规模已超过100亿美元。国内外临床研究表明，通过干细胞诱导胰岛素是21世纪治疗糖尿病的前沿方法。

干细胞在体外具有无限或较长期地进行自我更新和多向分化的潜能，使得干细胞不仅成为很多生物医学基础领域的重要研究工具，而且可以用干细胞移植技术来治疗各种难治性疾病，并使在试验室内产生各种组织器官成为可能（如图5-6所示）。

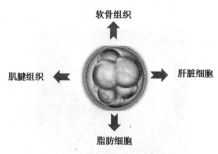

图5-6 干细胞的应用领域十分广泛

法国Cellectis基因技术公司运用日本山中伸弥教授的诱导多能干

细胞（IPS）研究成果，推出一项全新的服务。这项服务曾同时在瑞士、迪拜、新加坡和美国同时启动，即由皮肤科医生对用户进行局部麻醉，然后从一小块皮肤样本上采集细胞。

科研人员将采集到的细胞送到实验室，进行激活，使它们成长为诱导多能干细胞（IPS），然后把它们冰冻在零下180摄氏度的环境中。

IPS细胞有可能培育出用户身体器官的任何组织，可用来进行器官修复、组织恢复和疾病治疗。样本被冰冻起来可以防止细胞老化。

这项服务非常受欢迎，尤其是对于一些坐拥一切却没有办法抵抗衰老的人们。由于这荐服务价格不菲，只有能够负担得起的人们才能享受得到。

Cellectis基因技术公司自1999年创立以来，得益于干细胞研究取得的成果，在干细胞和可替代能源领域研发出众多新型产品，不断推动着公司向产业化的方向发展。

干细胞研究的显著成就推动了医药投资的新蓝海，干细胞技术及研发一直受到资本市场的热捧。仅在美国纳斯达克挂牌的上市股票中，与干细胞概念有关的股票股总市值就超过了300亿美元。而全球干细胞产业近两年的潜在市场约为800亿美元，到了2020年前后这个市场的估值可高达4000亿美元。

在中国，干细胞作为最具潜力的新型高科技生物产业之一，市场前景同样不容小觑。预计未来五年干细胞产业收入将从目前的20亿元增长到300亿元，年均增长率达170%。干细胞产业正成为资本下一个待掘的"金矿"。

5.5　上中下游全产业布局

随着行业竞争的加剧，干细胞行业内的企业开始着眼整个产业链，进行全产业布局。上游企业向下游延伸，下游企业向上游渗透，并购、转化事件屡见不鲜。

干细胞产业链的上游是干细胞银行，主要经营干细胞的采集及存储业务（脐血库、胎盘库）；中游是研发机构，工作重心是干细胞增殖以及干细胞基因药物的研发与销售；下游是医疗、美容机构，主要业务为干细胞移植及应用（如图5-8所示）。目前，中国已经形成完整的干细胞产业链，其中，上游脐带血存储最成熟（卫生部批准设立的脐血库有10家），中游研发和下游治疗业务由于政策壁垒和安全性、有效性问题，尚未完全市场化，所以发展潜力巨大。

图5-8　干细胞产业链示意图

产业链上游是干细胞采集和存储业务，是目前干细胞领域发展相对成熟的产业化项目，主要包括脐带血干细胞、脐带间充质干细胞、脂肪干细胞、羊膜等干细胞物质的采集及贮存，其中脐带血库是最主要的业务。

脐带血库分为公共库和自体库。公共库接受公众脐带血捐赠，免费保存，可为公用，也支持自用；自体库属于收费保存，仅限于自体移植所用。

目前在中国，保存一份脐血，不同地区有不同的收费标准，以青岛大学医学院附属医院为例，脐带血保存根据保存期限的不同分为6年、12年、18年三种类型，收费依次为12200元、14800元和16800元。

中国目前每年新生儿数量大约为1700万，随着二孩政策的放开，预计五年后每年新生儿数量将达到2010万左右，其中城市新生儿数量占比30%。随着近年来干细胞科普知识的广泛普及、干细胞政策的放开，新生儿储存脐血的比例将逐渐提升。假设储存比例达到10%，仅脐血存储市场空间可达数百亿元。

干细胞上游业务的毛利率奇高，可达70%。以中源协和为例，该公司2013年的年报中显示，公司存储各类干细胞2.087万份，平均每分干细胞成本3650.17元，而存储均价在万元以上。这一年中源协和细胞检测制备及存储业务的毛利率高达73.31%。

百亿元的市场空间和居高不下的毛利吸引，让大量企业纷纷涌入这一市场，天津、上海、浙江等地的干细胞库也开始向异地扩张。中源协和在2012年干细胞存储量积累到了2.4万份，但是到2013年存储量下降为1.87万份。上游业务的竞争越来越激烈。

产业链中游的干细胞增殖及干细胞基因药物的研发业务，技术壁垒较高，但是潜力巨大。目前，国外仅有八款干细胞产品上市，而且都已经进入后期临床研究阶段。而在中国，干细胞药物研发还处在早期，CFDA共批准七项干细胞药物临床实验。目前国内进行的比较规范的干细胞临床试验研究主要在三个领域：顽固性自体免疫病的间充质干细胞治疗、间充质干细胞用于诱导移植耐受、视网膜病变的干细胞治疗。

产业链下游企业以各类干细胞移植及应用业务为主体，主要包括一些开展干细胞治疗的医院和整形美容、健康服务机构，如北京武警总医院干细胞移植治疗中心、天坛普华医院等。另外，下游还有一部分企业通过向医院提供干细胞治疗技术来盈利，如北科生物，成立以来，累计治疗病例已达10000例，已经成为世界著名的五大干细胞治疗中心之一。

在干细胞应用方面，美国仅脐带血应用就超过6000例，并每年以1200例的速度增长。在日本，脐带血移植数量已超过10000例，而且还在以惊人的速度增长。而在中国，全国正规合法的七家脐血库发布的统计数据显示，脐带血临床移植数量仅在3000例左右，但是每年的临床应用保持明显上升趋势。

由于缺乏大规模的循证医学临床研究，干细胞治疗的有效性和安全性曾遭到质疑。我们国家相关政策法规的滞后、行业标准的缺失，也严重阻碍了整个干细胞产业的发展，使得干细胞研究和应用转化能力相对薄弱。政策放开以后，中游企业开始逐渐向下游扩张，布局干细胞医院。

汉氏联合在干细胞研究及产业化应用方面都有较强实力，是中国首家攻克胎盘造血干细胞提取及存储难题的公司，但汉氏联合的经营状况一直不好，连年亏损，2013年的资产净额为−2056.52万元。即使在这种情况下，开元投资仍在2014年向汉氏联合注资2.7亿元，准备和汉氏联合在干细胞产业的推广及应用方面进行深度合作。

汉氏联合计划对干细胞产业的上中下游进行全面布局，打造干细胞全产业链。完成2.7亿元的融资以后，汉氏联合积极布局干细胞医院，与西安高新医院达成了合作，借助医院的优势增加客流量，提高公司医疗服务业务的盈力能力和核心竞争力。

到目前为止，汉氏联合在产业链的上游建立了面向孕妇及成人提供干细胞保管及技术服务的干细胞银行，在中游建立了各类干细胞新药特药以及生物护肤品的研发制备中心，在下游面向医院提供医用定制干细胞制剂等新技术应用，基本实现了产业链全覆盖。

2016年新年伊始，汉氏联合成功挂牌新三板，登陆资本市场，加快科研与医学转化的步伐。

现阶段，世界主要发达国家都逐渐加快了干细胞产业化的推广步伐，干细胞治疗领域已初具市场规模，未来20年，干细胞医疗市场的产业收入将迅速增长，市场前景广阔。中国干细胞市场上，拥有自主知识产权并能覆盖干细胞全产业链的技术型企业，将是该领域未来最大的赢家。

5.6　资本角逐，冲击千亿市场

两百多位世界顶尖干细胞临床专家、国际知名企业以及海内外多家实力雄厚的创投机构和上市公司，在"2015中国干细胞产业与资本峰会"上一致表示：2016年，中国干细胞产业市值将超过千亿元人民币。

火热的市场越来越受到国内外资本的追捧，各大企业不惜代价对干细胞核心产品、技术和专利进行收购。2014年和2013年相比，VC、PE、IPO（首次公开募股）及合伙投资额都在呈倍数增加。而2013年相较于2012年，资本只是按照百分比在增长。

2014年，瑞士制药巨头诺华接连发力干细胞市场。8月份，诺华以3500万美元购得以色列干细胞研究公司Gamida 15%的股权，并获得在未来两年内收购这家公司的选择权。9月份，又斥资2000万美元在宾大建立细胞疗法研究中心，成为全球首个综合性的CAR-T细胞疗法开发中心。

同一年内，辉瑞与专门研究CAR-T细胞疗法的法国Cellectis公司达成战略合作协议，并购买其10%的股权；强生向Transposagen公司提供2.9亿美元合作资金，共同研究与开发CAR-T细胞疗法。这一年，细胞治疗领域一共获得630亿美元的国际资本，投资方向集中在细胞治疗和基因修饰等方面，其中肿瘤、神经系统退行性病变及心脑血管疾病是关注的焦点。

进入2015年，资本的热度继续升温，安进宣布要按项目进度先后支付6000万美元和5.25亿美元，与Kite Pharma展开合作，研发新的肿瘤免疫疗法；葛兰素史克与英国生物技术公司Adaptimmune达成一项3.5亿美元的协议，用于合作开发新型的癌症细胞治疗药物等；美国生物技术巨头Celgene斥资4500万美元溢价收购澳大利亚再生医学技术领头羊Mesoblast公司4.72%的股份，旨在扩大干细胞与再生医学领域的产品线。

回顾国内近两年干细胞资本市场上上演的一出出好戏，最大的看点莫过于中国脐带血库集团（以下简称CO集团）引发的一场资本角逐。

北京佳宸生物技术有限公司是CO集团的前身，于2003年被金卫医疗收购，主要负责脐带血自体库的商业化运作，并且因此获得快速成长。2009年，金卫医疗将造血干细胞存储业务从中分离出来，成立了CO集团，并在纽交所上市，市值约为4亿美元。

CO集团现在的总资产已经达到5.58亿美元，经营良好，最近三个财年的营收分别为8470万美元、9220万美元以及1.03亿美元，营收增长率为19.25%，下一财年营收可能达到1.1亿美元。但是在中概股回归的热潮下，CO集团一度传出意欲私有化的消息。

2015年4月，身为CO集团第一大股东的金卫医疗以每股6.4美元的报价向其提出私有化收购要约，收购脐带血库剩余的所有股权。不料，南京新百于半路杀出，拟以60亿人民币收购CO集团的中国资产及业务权益。要约一旦成立，南京新百会采用现金、A股上市公司普通股，或多种混合方式进行支付。

南京新百以百货业为主营业务，据了解，2014年，南京新百的营收为78亿元，百货零售仍然是它的主要收入来源，约为71亿元，其次是药物销售，约为2.35亿元，剩余是地产销售和管理。

南京新百在完成前期商业资产整合后，正式提速医疗资产整合，收购CO集团可以进一步强化公司定位，迈出跨界转型的第一步。正因为这步棋非同小可，所以南京新百出手豪气，为拿下这块领地，比金卫医疗的报价整整高出72个百分点。

受此消息影响，CO集团的股价一下飙升了16%，创下一年来最大涨幅。成交量为210万股，是3个月里日均成交量的1.3倍。

金卫医疗不肯善罢甘休。南京新百竞购公告发布的当天晚上，金卫医疗通过港交所对外宣告："尽管南京新百参与竞购，我司仍将继续推进对CO集团脐血带库剩余股权的收购事宜。"当时，金卫医疗在CO集团的持股量占到38.31%，仍然是其最大股东。

参与这场资本角逐战的还有一位重要角色——中源协和。中源协和原本就是干细胞行业的领跑者，而且是A股上市公司中唯一一家以细胞和基因工程为主营业务的公司，一直致力于打造干细胞领域的全产业链，收购CO集团可以助其更有力地向上游渗透。

2015年2月，中源协和就向CO集团表示愿意帮助它完成私有化的意愿。南京新百发布竞购公告的当日，中源协和也发布声明，称想要通过第三方——嘉兴会凌叁号，收购新加坡上市公司康盛人生所持有的CO集团的资产。

康盛人生手中握着CO集团发行的250万美元的高级担保和已发行的9.13%的股份。这次交易先由会凌叁号收购康盛人生所持有的CO集团的资产，交易完成后，中源协和会尽快与会凌叁号签订正式协议，收购会凌叁号所持标的资产。粗略估算，如果可转换票据全部转股，再算上收购的股权，完成收购后中源协和收购的股权将占到CO集团全部股份的13.4%。

中源协和布局脐带血公司意在借力进军海外市场，拓展海外业务，实现公司细胞和基因蛋白等业务在全球产链的布局。

据估算，到2030年免疫细胞产业市场规模大约能达到350亿美元，中国在全球干细胞和免疫细胞产业的市场份额中将占到20%。各方资本对这座待掘金矿虎视眈眈，金卫医疗、南京新百、中源协和之间的这场角逐赛只是个开始，今后会有更大的戏码冲击这块千亿市场。

第 6 章

电影：
大 IP 与资本的有效链接

　　IP（知识产权）在当下影视行业与资本行业是最炙手可热的名词，在泛娱乐化时代，一个优质IP几乎等同于高收视率和高票房，等同于衍生品热卖，等同于发行商和资本家赚得盆满钵满。因此在全IP打造浪潮中，优质IP成了众多企业竞相争抢的"香饽饽"。

6.1 IP为王，泛娱乐投资时代来临

畅销小说可以改编成电视剧，电视剧可以衍生为电影，电影可以衍生出手游，手游可以衍生为周边……在泛娱乐时代来临的机遇下，此前多样的文化形式逐渐变得不再是各自独立的个体，开始有了交点，变得融会贯通。这个交点，我们称它为IP（Intellectual Property，知识产权）。

近年来资本市场热捧"IP"，简单来说，IP就是一种全新的经济模式，它可以是一部动漫、一部小说或者一档综艺节目，这些IP有一个共同的特性：粉丝量庞大，通过对这些作品改编为电影、电视剧及手游等各种形式从而获取收益。通过品牌联动，使这些海量的影响力得以变现，这就是IP的价值。

从2014年起，对于IP的争夺已经成为泛娱乐投资市场的核心竞争。商人将有价值的IP挖掘出来进行不断延伸开发，将原本就有庞大粉丝群体的东西衍生到各种渠道，从而形成雪球效应——原本的粉丝带动衍生品的新粉丝联合起来，使利益最大化。

2014年，腾讯将内部洗牌，把电商卖给了刘强东，把搜索卖给

了张朝阳，打算集中精力做连接。腾讯想要连接开放知识产权，不转让影视改编权，跟合作伙伴一起发展IP，建立起一个贯穿游戏、文学、动漫、影视的IP生态。

同年，阿里巴巴入股新浪微博、优酷土豆、华数传媒、21世纪传媒、增资华谊兄弟……为文化产业累计投资了近三百亿元。同时控股香港上市公司文化中国，随后将其更名为阿里影业。

百度旗下视频网站爱奇艺迅速崛起，发展内容制作领域，在自制网剧、自制综艺节目上加大投入。同时成立爱奇艺影业，参与电影投资。10亿元入股华策影视，与华策达成战略合作。百度游戏、百度文学的IP将由华策影视进行改编，百度参与华策旗下影视剧的投资。

"BAT"对文化产业的大范围投资从表面上看，是通过自身的资源优势与当红的娱乐影视建立连接，共享利润。但从更深层的方面来看，是"BAT"给各自已经发展至瓶颈的商业模式寻找新的发展空间和盈利点。在自身已有的商业优势和社交平台优势上，深度挖掘IP各环节产业链和用户的深层价值，进一步实现IP的潜在价值（如图6-1所示）。

图6-1　腾讯的泛娱乐产业链

　　泛娱乐看起来发展潜力巨大，但想真正发展起来并不容易。在泛娱乐IP产业链的最前端，以文字形式为基础的网络文学时时刻刻在为整个产业链服务优质内容，其中有一些拥有高质量的IP，可以随着商业化衍生，让影视产业、动画产业，以及游戏厂商的腰包赚得鼓鼓的。随着互联网的普及与发展，网络文学市场发展越来越迅猛，受欢迎的网络文学作品通过互联网平台积累大量粉丝，表现出极强的IP效应，实现了从网络文学作品向电影、电视剧、游戏等其他领域的跨界转变价值变现，展现出巨大的增值空间，从而促进了整个泛娱乐行业的繁荣。

　　IP顺应时代潮流，在政策和资本的驱动下迎来各种发展机遇，与此同时，中国政府对版权保护的力度也在不断提升。随着移动互联网时代的来临，创意创新成为企业发展的重要模式，成为企业的核心竞争力。《关于推动网络文学健康发展的指导意见》的发布实施促进了网络文学方面的发展，"BAT"、中文在线等互联网资本对其强势投资提升了行业知名度。在商业模式方面，随着游戏、影视、动漫等业态的成熟壮大，以IP为核心实现文学、动漫、音乐、影视和游戏等多产业联动的泛娱乐生态成型，而文学作为最具延伸性、受众最广、产量最大的IP，可通过全版权运营模式借助IP粉丝经济效应实现多产品变现，市场空间显著放大。

　　随着互联网的普及发展，网络文学的国民阅读率不断上升，其市场规模也保持持续增长，传统文学和网络文学形成多元化共同发展，网络文学的内容质量有望得到提升。网络文学快速发展，全媒体、多终端和移动化的趋势已经显现，观赏渠道更加多元化。基于网络文学IP的庞大粉丝群体和高用户黏性，有助于降低宣传推广和运营成本，同时多端产品变现推动收益最大化体现，高投资产品风险大大降低。影视、游戏等为代表的下游内容产业的迅速发展，为网络文学的泛娱乐生态变现提供了广阔土壤，形成"同一IP入口，多产业渠道变现"的共振模式。通过《琅琊榜》《鬼吹灯》《盗墓笔记》等IP运营的成功案例来看，优质IP泛娱乐化是长期发展趋势，并且将成为文化资本经济收益的重要部分。

6.2　囤积IP的影视投资时代

"无IP不成电影"，当下各影视公司的大佬竞相争夺的资源便
是这IP。优质的IP受到了行业内人士的竞相追捧，好像拥有它就能稳
坐票房冠军宝座，几乎在一夜之间成了中国电影投资的标准法则。

顾漫2003年在晋江原创网上连载的言情小说《何以笙箫默》
的版权被乐视影业购买，电影版《何以笙箫默》于2014年五一档上
线，连载时期就受到无数网友追捧喜爱的《何以笙箫默》在电影上
映仅2日便拿到1.42亿元的超高票房，与其同期上映的《万物生长》、
《左耳》等"大IP电影"也均有不俗的成绩（如图6-2所示）。

图6-2　电影《万物生长》海报

随着这次IP试水的大规模成功，越来越多的热门网络小说被购买影视版权，题材涉及言情、武侠、玄幻等。不只是文学作品，在影视行业中，歌曲、网络游戏等都可以改编成电影或电视剧，《同桌的你》《栀子花开》这两部电影都是由歌曲改编而成的，高晓松监制的电影《同桌的你》及何炅执导的《栀子花开》轻松拿下4.55亿票房和3.79亿票房，让电影投资商在市场上赚得盆满钵满。

IP电影自身就较原创剧本而言拥有较多的优势，其自带光环且从立项就自带受众。与原创的剧本相比，IP电影原本就拥有众多粉丝，电影还未上映就引发热度和粉丝们的情感共鸣，天生自带话题度与粉丝自主推广。使投资商不用费尽心力宣传便能达到事半功倍的效果，也完全不必担心票房收入，IP电影热潮在这些因素的作用下逐渐席卷中国电影市场，因此热门IP的竞争日趋激烈。

获得第73届雨果奖最佳长篇故事小说大奖的《三体》，被称为国内科幻文学的"里程碑"，作者刘慈欣曾于1999～2006年连续八年获得中国幻想小说界最高荣誉——中国科幻银河奖。2014年4月23日，游族影业与阿里巴巴集团共同宣布，将推出小说改编的同名电影《三体》。据悉，《三体》系列电影将会被拍摄成六部曲，由张番番执导，刘慈欣担任监制，单片投资高达两亿元。除了电影外，《三体》还将衍生到网剧、游戏、动画、话剧、周边等一系列产品。电影第一部分已经拍摄完毕，目前进入后期制作阶段，预计2016年7月份与观众见面（如图6-3、图6-4、图6-5所示）。

图6-3　《三体1》封面　　图6-4　《三体2》封面　　图6-5　《三体3》封面

　　"优质IP"让影视公司和投资人尝到了甜头，在这种背景下，网络文学成为电影市场的香饽饽，被市场竞相争抢。有利益可赚，互联网巨头们必然不会落后。百度、腾讯和盛大陆续成立了文学专区，阿里巴巴移动事业群也宣布推出阿里巴巴文学这一新模块，并将与书旗小说、淘宝阅读、UC书城合作组成阿里移动事业群移动阅读业务的主要力量。

　　在这些出身互联网企业的电影公司的逻辑中，IP、粉丝、收入这三样是对等的，一个IP可以被衍生出多个产品，如电影、电视剧、游戏、周边等，但想要把购买到的版权的价值发挥到极致也并非易事。

　　《海底总动员》作为电影，只为迪士尼在全球收入了三四亿美元的票房，但是它的周边游戏、图书、DVD、版权和授权等全线开发为迪士尼带来了约60亿美元的收入，拿《哈利·波特》来说，他是一个以小说为基础的IP，J.K. Rowling在写这个作品的同时把它做成电影，用电影来反哺IP，从而产生了更大的影响力，实现了这个IP真正的价值，这种做法值得国内的电影公司学习。

湖南电视台综艺节目《爸爸去哪儿》算得上是对IP进行超级开发的著名例子。《爸爸去哪儿》虽然是从韩国引进的综艺节目，但湖南电视台围绕此IP进行了一系列的衍生开发，从综艺节目发展到综艺大电影、手游、图书等，都为湖南电视台带来了巨大的收入，韩国自身没有想到的IP衍生被国内做得风生水起，七个亿的电影票房、下载量超过1.2亿次的手游及五本图书，完全超出了这个综艺节目原有的价值。浙江卫视和东方卫视也趁机推出《奔跑吧!兄弟》《无限挑战》综艺大电影，都各自收获了上亿元的票房。

影视圈如此热衷竞购超级IP的原因主要在于这些超级IP拥有强大的粉丝支持，改编成电影后粉丝群体可以提供有力的票房支持。而且改编剧本风险比原创小，开发周期快，不需要浪费很长时间来开发一个风险未知的剧本。电影投资的首要风险来自于剧本，在一个好故事的基础上进行改编，其风险会降低很多，而且选择有知名度的IP本身可以节省一部分推广宣传的投入，可谓一举多得。

一个IP能够运营到极致、做到像迪士尼公司一样也不是一件易事，需要完整和系统的体系来进行操作。由于目前中国电影市场并没有那么成熟，现在资本对中国电影市场中的IP只达到一种简单的投资消耗，并没有完全实现超级IP的价值化。超级IP需要寻找，更需要深度开发和长期培育，想要形成成熟的市场需要电影行业、文学行业、投资行业多方面的探索，任重而道远。

6.3 流量变现：网络点击量红利

用户=流量=金钱，这个公式对于身处互联网行业的人来说一定不陌生，用户是基础，流量是方法，金钱是结果。要实现流量变现，最重要的就是有足够的流量，网站流量通常指网站的访问量及用户所浏览的页面数量等指标，由常用的统计指标包括网站的独立用户数量UV、总用户数量（含重复访问者）、页面浏览数量PV、每个用户的页面浏览数量、用户在网站的平均停留时间等方面组成。流量变现的关键在于流量和变现方法，流量的重点在于用户黏性和网络推广方式。流量变现的方法大体上可分为广告变现、销售变现、增值服务变现和展示广告变现。通过用户访问网站从而产生流量、用户产生黏性、用户浏览广告等增值服务从而实现流量变现。

而在IP腾空出世后，流量变现又产生了新的定义。随着影视、游戏、动漫等文化产业的快速发展，以IP为核心带动文学、动漫、音乐、影视和游戏等多产业联动，促使泛娱乐产业发展成型。随着互联网时代的发展，国民数字阅读率不断上升，网络文学市场发展迅猛，网络文学用户模式愈加稳定，阅读习惯移动化趋势愈加明显。网络文学作为最具用户吸引力和发展延伸性的IP，实现全产业链延伸的版权运营模式，通过粉丝经济实现多产业链产品变现，市场价值显著。

在泛娱乐飞速发展的今天，网络文学作为全产业链发展的基础为游戏、出版传媒以及影视娱乐等行业输送原创内容而服务。随着网络版权向商业模式的逐步转型，行业开始采用IP授权形式对网络文学进行自主全产业链开发从而实现网络文学作品的全版权运营。通过全版权运营，网络文学产业链开始延伸到书籍出版、电视剧、电影、动漫、游戏等多方面，实现产业链的拓展，以深度挖掘IP的真正价值。网络文学的跨界变现渠道多样，不仅限于消费产业链经济，IP的衍生开发使书影游联动从而变现，更能够拓展市场使增值市场空间更为广阔。

具有改编价值的网络文学往往是网络点击量高的热门小说，这些小说在网络平台上已经接受过读者的检验，拥有了大量粉丝基础。版权运营根据其文学的特点和形式题材的不同，将其改编为电影、电视剧、游戏、动漫、话剧等多种文化娱乐形态。通常，改编后的影视剧、游戏、动漫等文化产品备受原生粉丝关注和追捧，从而实现文学IP的多产业链渠道变现，这就达到了版权开发的目的。

IP的价值主要体现在它的变现能力上，以2015年国内炙手可热的IP之一《花千骨》为例，其全年实现收入1.4亿元，收入主要分为三方面：

1. 全IP的全授权收入

通过一系列全产业链深度挖掘推广，《花千骨》电视剧在湖南卫视热播，收视率稳居当时收视第一的宝座。与此同时，上线手游页游同样取得了不俗的成绩，同名页游斩获5000万元的月流水，同名手游的月流水收入近2亿元，此外《花千骨》的大电影和舞台剧项目也已筹划启动（如图6-6所示）。

图6-6　电视剧《花千骨》宣传海报

2. 二轮及多轮发行收入

向湖南卫视和爱奇艺出售的首轮播放权和版权收入已经令《花千骨》的打造者收入颇丰，电视剧的二轮播出收入一般是一轮播出的一半，以花千骨的热度，二轮播出利益仍然相当可观。

3. 与爱奇艺合作的网剧收入

爱奇艺与上海视骊影视联合出品的《花千骨》番外篇《花千骨2015》于2015年9月份上线，上线72小时后点击量就突破1亿大关，自上线以来就成为网络剧日播量第一。《花千骨》作为推动IP全渠道发行的代表，为IP流量变现做了一个很好的榜样。

伴随泛娱乐产业的兴起，网络文学IP成了"香饽饽"，开始受到整个泛娱乐产业的追捧。随着网络知识产权的成本越来越高，热门优质IP版权被不断争抢，价格不断攀升，从以前的几百万到现在的上千万不等，网络文学天价版权IP频现。热门IP有其不同于其他文学形式的优势特点，有在网络平台上积累了大量的粉丝做基础，并且由于用户黏性强，推广宣传以及运营的成本能够有所下降，同时多端产品变现推动收益最大化体现，可谓高投资、低风险、高回报。"书影游"联动的形式使IP全产业链迅速发展，使得利益最大化。

6.4　大数据：改变电影工业从生产到营销的传统模式

大数据这个名词在近几年大热，相信大家对它并不陌生。大数据管理也成为一种新兴的商业模式，通过收集整理各部分数据，对数据进行分析和探索，然后再通过其中有价值的信息进行商业运作，促进公司经营发展。这就是大数据应用。

对于电影行业来说，大数据也逐渐成为其发展必不可少的重要部分。在影视行业的迅猛发展之下，通过影视行业数据和金融数据的结合，使得资本市场对影视行业产生更多的关注，促进资本市场与影视产业的进一步发展合作，并且能够对影视产业投资及文化投资提供强大的数据支持和行业分析。

随着互联网时代的发展，网络对于电影时代的影响也是巨大的，通过网络的宣传以及网络用户的传播力量，中国电影市场迎来了最好的时代。互联网的数据分析能力以及粉丝宣传效果都深刻地促进了传统电影行业向新电影时代的进发，在大数据为电影营销做出巨大贡献的时代下，中国电影市场进入了大数据电影的新时代。

那么大数据对电影行业有什么重要影响呢？我们总结出来以下五点。

1. 预测影视业趋势

将影视行业数据和资本数据相结合，可以得出影视行业未来发展趋势，提供对市场的理性预期。资本可以对影视行业的投资前景进行预判分析，从而进行投资决策。

2. 了解观影者信息

通过大数据来确定潜在观影人群可能在哪些城市，这群人最适合什么样的营销方式，这群人最可能会在哪些电影院看电影，了解这些信息后，宣传者便会更有针对性地对电影进行宣传。

3. 精准化营销

大数据在电影营销领域有重要的意义，与国外电影产业相比，国外电影从生产到销售都有数据支持，而中国在前些年电影的票房数据都是不公开的，观众反馈也仅仅通过抽样调查来实现，数据范围狭小且不全面。随着网络的发展，通过搜索、视频点击量、用户评论等海量数据，发行机构可以了解全国各地区、年龄、职业的观众的喜好特点，从而进行精准化营销。

《小时代》就是运用大数据进行营销的经典案例。凭借着小时代连载时期的超高人气，电影上映前就受到了网友和书迷的强烈关注，微博热度十分高涨（如图6-7所示），该影片主创人员微博粉丝之和超过1亿，《小时代》系列图书阅读量超过2000万。

通过数据分析得出，该片将有40%的观众是高中生，他们是《小时代》小说和电影主创的忠实粉丝，另外有30%是白领，她们对《小时代》里的生活方式深有同感，还有20%是大学生，另有10%为普通

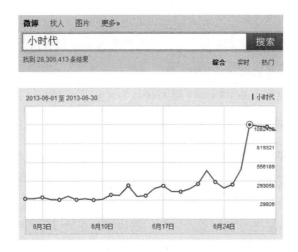

图6-7　2013年6月份《小时代1》上映期间的微博搜索指数

人群。大数据时代，最重要的是找到精准的受众，正对着70%的目标群体，制作方开始在影片上映前开展一系列的推广宣传活动，效果相当明显。针对目标观众的全国数百家影院《小时代》零点首映，票房达到700余万元，可以说是相当成功。

4. 冲击影视内容制作

美国视频网站Netflix率先将大数据运用到电视剧《纸牌屋》，剧本改编自20世纪90年代曾颇为走红的英国BBC同名剧集。Netflix收集每天网上产生的3000多万个用户行为，对每个用户观看视频时会在哪里暂停、回放、快进，一天中用户观看视频的时间和所用设备进行观测。通过对这些数据进行分析，使Netflix清楚了解观众的观影喜好，Netflix开始根据用户的偏好来调整剧情、主演等内容环节。这种做法完全符合了大众的口味，大多数的订阅者都乐意接受

Netflix的观影推荐。

《纸牌屋》受到了观众的广泛好评，Netflix第一季度营收10.2亿美元，较上年同期增长18%。除了《纸牌屋》，Netflix已经投资制作的其他系列电视剧——如《铁杉树丛》《发展受阻》《女子监狱》等都取得了不小的成功。

大数据能够起到作用的前提是拥有足够多的有价值信息，把这些相对全面的有价值信息进行分类整合，才能达到预期的效果。关于电影本身、创作人员的搜索和话题数据，在线订票的销售数据以及电影观众的年龄结构、文化程度、地域分布、职业的数据，加上广电总局权威有效的实时数据，通过这些观影数据的整合计算以及线上线下的数据分析，使我们可以形成一个相对全面的电影市场系统。

在互联网大数据发展的今天，创意与数据是分不开的，电影产业因为有了大数据做参考，能够了解到市场行情和用户需求，从而能够有针对性地进行分析创造，而不是闷头创作，两耳不闻窗外事，分析数据更容易做出符合时代发展的剧本。中国电影导演协会会长李少红说过，"过去主要是考虑如何把作品内容做得更好看、更艺术化，但现在创作需要对受众群体进行研究，要考虑市场和数据。"这样的观点更印证了创业与数据是分不开的。

大数据为中国电影产业提供了无数便利，电影业也将全面进入大数据时代，继互联网之后，中国的大数据电影产业将又一次腾飞，使中国电影业站上发展的一个新台阶。

6.5 长期开发：顶着亏损投资未来

广电总局在2012年禁止电视剧中间插播广告，2015年对卫视综合频道黄金时段电视剧播出方式进行调整即"一剧两星"，同一部电视剧每晚黄金时段联播的综合频道不得超过两家，同一部电视剧在卫视综合频道每晚黄金时段播出不得超过二集，这无疑让电视台和电视剧制作公司遭遇了大挑战。此政策产生的结果便是电视剧的总播出量和收益率也大幅下降，电视剧产业的版权收益受到了巨额亏损的冲击。再加上真人秀节目异常火爆，综艺节目如雨后春笋般层出不穷，大力地占据了电视荧幕和观众的视线，导致电视剧市场越发冷清。

虽然行业看似不太景气，但是《甄嬛传》《何以笙箫默》《花千骨》《琅琊榜》《芈月传》等剧的大热，使投资者看到了IP的发展潜力，优质IP能带来高的传播热度以及良好的收视率，IP衍生出来的电影、游戏、周边产品也都能为投资商赚取可观的利益，因此优质IP的争抢场面相当劲爆。

优质IP能为产业带来收视率和衍生收益虽然是毋庸置疑的，但是在投资市场的现实情况却并非尽如人意。"一剧两星"政策的实施使电视剧上档率上升，但事实上电视剧行业的收益却一直处于亏损状态。在这种压力下，中国电视剧协会上书总局：希望恢复电视剧中插播广告，通过收取广告费的方式尽量减少亏损。电视剧的盈利模式成为电视台和视频网站亟待解决的问题。

2015年引爆暑期档的《花千骨》虽然为发行商带来了非常大的利益，但是对于卫视来说，这部剧却是赔钱的。《花千骨》收视率虽然很好，但是由于禁止电视剧插播广告，卫视损失了非常大的一部分利益。加之周播剧作为一种新电视剧形式，商业价值还在接受市场的考验，并未彻底得到广告商的认可，而且招商是提前一年就做好的，招商成本与购买《花千骨》版权并未达到很好的平衡。

中国电视剧市场的"唯大论"依然是卖座的风向标。所谓电视剧的"唯大论"，指的是"大IP、大制作、大明星、大导演"。虽然这几年电视剧的制作发行公司交易额都比较高，但是在发生的收购案例中很多公司都没能达成承诺的业绩，有些甚至连一半都达不到。

近年来电视剧制作发行公司虽然交易金额很高、国内影视市场的文化传媒估值也高，但在近年完成的收购案件中，多数公司未能达到业绩承诺值的50%，也就是"资本投资大于收益"。

由于广电总局禁止中插广告和"一剧两星"政策使电视剧的变现能力有所减弱，大成本大制作的电视剧相比之前有所减少，小成本制作的比重相对增多。以往视频网站的自制网剧、微电影等项目在质量上也比之前有一定的提升。随着互联网的快速发展和年轻人的生活以及消费习惯的变化，通过PC端、手机端等网络设备看电视剧的人群越来越多。

未来，电视台将有可能进行形式化的全新改变，例如电视剧先在网站上进行付费点播之后再投到电视端免费播放，电影也是走先院线再电视的形式进行播出。以腾讯视频《华胥引》为例，其付费抢先看的形式也得到了不错的反响。

高投入如何才能获得高产出，是现在整个电视行业面临的重要问题，目前这个问题并没有良好的方法解决，电视台的广告投放受限制，广告收入下滑，单一的广告利润太少，使电视台和制作公司的发展受到严重威胁。像《花千骨》这样的超级IP都无法使全产业链良性运转，投资者也是时候多方面考量了，切勿盲目投资。传统电视行业和视频网站终将转型，让我们拭目以待。

6.6　深度培育：围绕IP做全产业链生意

一个好的IP可以衍生出无限的价值，如小说、电视剧、电影、歌曲、手游……如何才能把IP的价值实现得更加彻底呢？那就需要构建一个全新的多元化、深入型的全IP开发产业链。

一个优质IP的开发从网络文学到纸质图书的出版，再到电视剧电影这是一条全产业链的形成趋势，促进书影游联动全产业链变现。只有保证原创网络文学市场的健康平稳发展以及可持续运作，才能满足游戏、影视剧等文化娱乐衍生品的发展需求，继而推动行业的进一步发展。才能实现全产业链衍生的健康发展。

以《盗墓笔记》为例，作为近几年国内文化产业市场中最炙手可热的IP之一。《盗墓笔记》在网络上连载时就已经收获了百万读者的追捧，小说一共分为九个系列，九部书出版的总销量超过1200万册。而现在，《盗墓笔记》授权又被改编为电影、季播剧、游戏等多个领域。围绕《盗墓笔记》的IP版权销售、广告、游戏收入、衍生产品等市场价值预估超过200亿元。

《盗墓笔记》正在探索和尝试形成一套系统性的上下游产业

链，以IP为核心，为电影、电视、游戏、音乐、动漫、文学、周边创意等其他娱乐产品提供版权支持，使产业链各部分形成互联，融合形成多方面立体化的相互交融。其作者南派三叔成立的南派投资管理有限公司计划将以影视为核心，通过网络和媒体进行全产业链的运作，将IP自身以及各类衍生实现其价值的最大化（如图6-8所示）。

图6-8　《盗墓笔记》海报

从国际形势上来看，虽没有泛娱乐概念，但其产业一直注重实现单一内容产品的IP化和IP全产业链运营。

美国迪士尼以动漫文化为主线，其产业链涵盖动漫、影视、游戏、图书、周边玩具、主题公园等多种文化领域。通过对IP资源的有效利用和精心经营，使迪士尼从一家动画电影的制片公司发展为全球娱乐王国。顶尖的创意团队为迪士尼制作出精良的动漫作品，加之对动漫IP进行反复开发利用，实现IP的全产业链价值化。漫威1941年发行美国队长，后期陆续推出绿巨人、雷神、蜘蛛侠、钢铁侠、X战警等角色，其产业链衍生开发十分成功。以《钢铁侠》系列为例，整个漫画销售1130万册，电影票房约25亿美元，此外游戏、DVD和玩具等周边产品年销售额达13亿美元。

日本的IP产业链衍生也主要以动漫为主通过融合影视、游戏、图书、杂志及与动漫有关的衍生品等文化领域实现IP产值。日本动漫产业链包括：漫画出版——动画制作播出——版权授权——衍生品生产及销售——部分动漫作品外销授权——成功动漫产品深度开发。以哆啦A梦为例，从1970年到2009年，这个IP每年至少创造250亿日元的产值，也就是说哆啦A梦在43年间实现的总产值高达110亿美元。截至2007年，《哆啦A梦》连环漫画全球销量达1.4亿册，销售收入接近6亿美元，1980年起，哆啦A梦每年春天都会产出一部电影，至今加起来电影总票房近10亿美元。除此之外，通过周边产品的贩卖，哆啦A梦也赚取了丰厚的产权利润，哆啦A梦的玩具和化妆品等都有比较好的销售额。

在政府对文化政策的大力支持下及网络迅猛发展的多重背景下，媒体市场越发成熟，文化越来越受到资本家的支持，IP市场有望迎来最好的发展时机，市场化有了更多发挥空间，越来越利于全产业链快速增长，全产业链经营的好时机已经到来。

6.7　跨界思维：外来投资带来新玩法

随着市场竞争的日益加剧，各行各业开始相互渗透融和，企业单一的发展已经不具备优势，跨界发展的模式越来越流行，它代表一种新锐的生活态度和审美方式的融合。跨界意味着需要打破传统的营销思维模式，品牌与品牌之间相互联合能互补，发挥不同品牌的合作效应，通过用户体验的互补，实现资源共享，加深用户对品牌的认知度和满意度，使之具有更丰富的品牌形象。

在《爸爸去哪儿》和《奔跑吧，兄弟》这两个热门综艺节目改编为大电影试水成功之后，爱奇艺影业随即也发行了《极限挑战之皇家宝藏》大电影，爱奇艺在电影上映前就与重庆百货、马上消费金融合作达成了一个跨界营销合作意向。在电影上映前夕，罗志祥给马上消费金融录制的广告视频传上了微博，引起网友对电影以及金融产品话题的高度关注，通过媒体和粉丝的影响力和号召力再加上线下重庆百货的生活渠道达到了跨界营销的效果。

国内电影业的衍生产品产业链虽然不够成熟，但衍生产品的开发将带动非常大的产能价值及收益空间，也是内容变现的最好途径。

《白发魔女传》上映前后，某摄影机构通过购买授权，在全国800家分店里推出了以范冰冰造型为主题的"白发魔女传"套系。《阿凡达》上映期间也通过授权与麦当劳达成合作，推出苏杰克、奈蒂莉、迅雷翼兽、灵鸟等六款以电影角色和形象的玩具造型。可口可乐零度也推出"阿凡达"系列产品。厂商可以依据自身产品和影视内容的共通性，推出系列特色衍生品来促进销售，使大众提高对电影的关注度，也可以促进合作产商的销量提升。

电影和手游页游的跨界也是风生水起，同名游戏一直是比较受关注的衍生品，游戏玩家和电影观众重合度高，可以增强电影话题热度，游戏玩家也可以享受到电影场景带来的良好体验。从电影角度来看，可以提高自身影响力、扩充产业链、获得更高的利润。游戏方可通过优质IP的融入，通过电影的粉丝基础可以带来更多用户，达到共赢。

2015年华谊的暑期档爱情轻喜剧电影《命中注定》讲述了一个即将结婚的文艺女为了小时候荒唐的算命经历，只身前往数千里之外的意大利，去寻找自己命中注定的"宋昆明"的寻爱之旅。电影上映期间，"谁是宋昆明"这个话题登上了微博热搜榜，很多媒体人、网络红人都收到了来自"宋昆明"的"命中注定"神秘礼盒。神秘礼盒中包括一瓶署有收件人名字的专属可口可乐、"一生只送一人"的RoseOnly永生玫瑰花。宋昆明到底是谁？这也是电影《命中注定》中女主角方圆心中一直寻找的答案。

广告并没有出现在电影中，却在网络上引起了共鸣，吊足了大家的胃口。原来这是华谊兄弟和可口可乐公司、众信旅游、招商银行、雷达表、呷哺呷哺、Roseonly、世纪佳缘和租租车八大品牌进行的合作，联合为电影《命中注定》策划的一场别开生面的营销活动，共同演绎跨界合作的价值。《命中注定》的专属呷哺呷哺情侣套餐，RoseOnly的永生花，定制台词的可口可乐甚至连《命中注定》同款旅游线路都为合作商赚取了可观的利益。华谊兄弟把跨界渗透到衣食住行娱各个方面，使整个产业化的跨界合作实现了电影公司与合作品牌的共赢。

《命中注定》的衍生品开发不仅仅局限在有形的产品，旅游路线的开发作为无形的体验产品也深受影迷的追捧。《命中注定》的故事发生在美丽的欧洲，途径米兰、卢克、佛罗伦萨等风景优美令人沉醉的城市，十分吸引人。华谊联合众信旅游和意大利旅游局，根据电影中的情节开发"命中注定"主题旅游线路，让影迷有一种身处电影的奇妙感觉。此举获得不少影迷的追捧，从华谊兄弟和众信旅游公布的合作方式来看，开拓"命中注定"旅游线产品，为两家公司都带来了不错的盈利，而作为电影内容生产方，华谊方面将享有较高比例分成，由此带来的收入也是电影作品一笔可观的衍生收入。

　　粉丝影响力是影视IP最大的价值，利用粉丝基数来达到稳定的上座率，IP衍生推出全产业链也能够有不少的受众。在如今粉丝参与度极高的营销常态下，影视联动的跨界营销可以在激烈的市场竞争中取得不错的成效，也能成为内容变现的最好途径。商业与影视合作跨界已成为热门，但值得注意的不是所有品牌与影视的跨界营销都能取得成功，必须根据自身的品牌特性和影视进行整体分析之后再做决定，切忌盲目跟风。

第 7 章

跨境电商：
资本大佬们的新棋局

　　全球购、跨境购、海外购……跨境电商元年过后，越来越多"玩家"开始涉足这一领域，传统零售商、海内外电商巨头、创业公司、物流服务商、供应链分销商纷纷入局。各类玩家激烈角逐的直接结果就是促进跨境供应链的扩规模化，中国的消费需求也将进一步升级，整个零售行业将发生翻天覆地的结构变化。虽然跨境电商已经被资本大佬搅动出了惊涛骇浪，但是作为新兴产业，能否在夹缝中寻得一方净土扎根发芽，也许是所有创业者都应该考虑的事情。

7.1　野蛮生长：正在崛起的蓝海市场

跨境电商即跨境贸易电子商务，是指不同国家和地区的交易双方通过电子商务平台来发放、确认、支付订单，并通过跨境物流运输商品完成交易，是一种新型的国际商业贸易活动。

跨境电商的发展来源于互联网金融的快速发展，具有全球性、及时性、无形性、匿名性等特点。如今，随着互联网技术正不断提升，经济全球化程度的日益加深，以及物流的不断升级，越来越多的人加入了"海淘"队伍，跨境电商在国际贸易中具有越来越重要的地位和作用，在中国的对外贸易中也发挥着关键作用，跨境电商也正在成为新的市场蓝海。

中国跨境电商的兴起很大程度上源于2008年金融危机的影响，全球经济的低迷使对外贸易需求严重缩水，传统贸易的进口商往往采取小额、长期采购的方式来分担风险，这极大地推动了商家利用电子商务开展跨境批发及零售业务。而受国内食品安全的影响，人们普遍认为国外商品更为安全放心，海外代购母婴、食品、保健品等商品一时间火热异常。"十二五"期间，电子商务被列入到战略性新兴产业的重要组成部分，而在"十三五"规划纲要（草案）

中，更是提出了"打造电子商务国际大通道"这一发展规划，电子
商务将是中国下一阶段信息化建设的重心，跨境电商作为其中的一
部分也受到了重要关注。

跨境电商的发展，可以降低人工成本，提高进出口贸易的效
率，增强中国在进出口方面的竞争优势，使外贸企业得到更好的发
展。同时，电商渠道的不断拓宽，为企业和最终消费者建立了良好
的信息交流平台，这让企业可以根据消费者的反映及时掌握市场需
求情况，从而对自己的产品结构进行调整，不断提升产品品质，树
立自己的品牌和企业形象。在此基础上建立电商信用体系，将会进
一步增强中国外贸的整体竞争力，使中国的对外贸易稳步增长。

在互联网时代，知名的品牌、良好的口碑是影响消费者抉择
的重要因素，也是企业竞争力的重要组成部分。当前，中国许多企
业在产品和服务质量上都具有较高的竞争优势，但因为缺少宣传而
不被国外的消费者了解，跨境电子商务正好可以有效地解决这一问
题，跨境电商通过线上服务大大缩短了交易时间，这不仅为中国企
业提升自己的知名度、树立企业形象提供了有效的途径，还使企业
可以获得新的发展空间。

当前，除了传统的海淘模式外，跨境电商主要有以下几种模式：

1. 海外代购

海外的商家根据国内消费者的需求在当地采购商品，通过跨国
物流运送到客户手中，如淘宝全球购、京东海外购。

2. M2C

商家通过电商平台接收消费者的订单，按照订单信息向客户发

送货物，如天猫国际、洋码头、海豚村。

3. 自营B2C

平台自己备货，为客户提供商品，如亚马孙、1号店、蜜芽。

4. C2C

平台方在海外招募买手，由买手筛选商品再放到平台上向消费者售卖，如全球购、街蜜。

5. 导购、返利平台

商家把自己的页面与海外B2C电商的商品销售页面进行对接，通过导购资讯、商品比价、用户返利等形式吸引用户流量，使消费者通过页面链接来提交订单完成购物，如55海淘、一淘网、海猫季。

目前，中国电商平台企业已超过5000家，一批知名的电商平台、物流快递、第三方支付等企业也在快速成长。2014年4月，"海购丰运"作为顺丰的海购平台正式上线，该平台为客户提供了一个海外地址，用户在官网进行注册后便可以免费获取，还能获得一个专有储物箱号，可在eBay、亚马逊等电商网站直接购物。除此之外还有圆通与CJ大韩运通进行合作、美国申通收购海淘论坛，这些均显示出产业巨头在跨境电商方面的野心。

伴随着跨境电子商务的快速增长，"便利、快速、联动"也成为人们最为关注的重点，这对平台在商品流通、在线支付、海关通关等环节的顺利进行提出了新的要求。2013年10月1日，跨境电商的首批试点工作在上海、杭州、宁波、重庆、郑州五座城市展开，成果相当不错，企业的积极性十分高。可以预见，随着在全国范围内不断增加试点城市开展跨境电商贸易，中国的对外贸易也将取得不错的成果。

2015年上半年，中国跨境海关电商在进出口结构中出口占比达到84.8%，进口比例15.2%，跨境电商在中国进出口贸易中的比重将越来越大，市场潜力巨大，已发展成为中国新兴的战略性产业，成为国际贸易中的新手段和新方法，必将推进国际贸易的深度和广度。跨境电子商务不仅使物流配送、网上支付、电子认证等相关产业得到了提升，还将引发生产方式、产业组织方式的变革。目前来说，跨境电商是一片新的蓝海具有很大的开发空间，企业可以抓住这一机遇，研究利用好政府的相关政策，转变生产方式，实现企业转型破局成功。

7.2 资本鏖战：跨境电商引发新一轮投资热潮

随着全球化的加深，中国的网购市场逐渐繁荣，中国已成全球最大的进口食品消费国，而且近年来由于国内屡屡显现出的食品安全问题，人们对国内的食品健康保障失去了信心，进口食品凭借其营养价值高、健康天然、安全放心的优势迅速获得了大家的追捧，在跨境电商领域有着巨大的潜力。伴随着跨境电子商务的发展，传统的贸易格局逐渐被打破，越来越多的企业开始进入跨境电商这一领域，各种资本不断涌入，跨境电商引发了新一轮的投资新热潮。

国内外的电商大佬们纷纷将发展的眼光对准了中国的跨境电商市场，加紧布局，拓展自身的业务。

1. 京东

京东商城继续执行海外直采战略。2015年，京东从美国、加拿大、澳大利亚等国家通过直采的方式进口原装葡萄酒、车厘子、鲜奶等海外商品。在跨境电商方面京东采用B2C模式，要求提高对供应链的控制力，虽然现在成果不算显著，但在基础设施建设完毕后，京东的国际化战略会体现得更加富有优势（如图7-1所示）。

图7-1　京东"全球购"页面

2. 亚马孙

亚马孙则采取"全方位突破"战略。亚马孙的商品种类丰富，物美价廉，物流快速，亚马孙在凭借这些优势中国的跨境电商市场上占据着一席之地。亚马孙已在上海建立了国际贸易总部，还将通过"跨境通"平台，提高物流速度，通过订单无纸化申报，可以达到快速放行，使原来3~4天的通关速度大大提升，在未来亚马孙可以在7~10天实现美国到中国的货物直邮服务。

3. 阿里巴巴

阿里旗下的天猫国际于2014年2月正式上线，致力于为国内消费者直供海外进口产品。目前，天猫国际通过 "菜鸟计划"与宁波、上海、重庆、杭州、郑州、广州六大保税区合作发货，打造全方位的物流壁垒。天猫根据国内市场的实际情况推出了母婴、个人洗护、生鲜等领域的全球购服务，引入了国内外众多商家入驻，并通过整合国际物流和支付链为消费者提供一站式海淘服务（如图7-2所示）。

图7-2 天猫国际页面

除了这些电商网站积极投身到跨境电商的行业中，还有其他企业也抓住这一机遇，不断涌入这一领域。

兰亭集势是于2007年成立的一家整合了供应链服务的在线B2C企业，其企业宣言是"One World，One Market"，近期，兰亭集势也积极投入到跨境电商的领域，精心为卖家打造配送体系、本地化体系、客户支持体系以及数据分析系统，同时，借助国家政策上的扶持与多地展开合作，推动跨境电商出口退税流程的完成，使平台商家也能享受到跨境电商的出口退税政策优惠。

中国制造网是焦点科技旗下的跨境电商平台，也是国内最早从事电子商务的企业之一，主要为中国供应商和全球采购商提供信息发布与搜索等服务，现在已经成为全球采购商采购中国制造产品的重要网络渠道之一。2015年6月，焦点科技的境外仓储和物流系统成功开通，这不但意味着焦点科技已经具备提供给网上外贸综合服务，还将进一步加快外贸综合服务平台的增长。

中国的跨境电商行业正处于飞速发展阶段，各路资本都纷纷瞄准这里，群雄逐鹿，各展锋芒。2015年上半年，中国跨境电商交易规模达2万亿，同比增长42.8%，占中国进出口总值的17.3%。据商务部测算，2016年中国跨境电商交易规模将从2008年的0.8万亿元增长到6.5万亿元，占整个外贸规模的19%，年均增速近30%。目前中国对外贸易形势略微下滑，而跨境电子商务则呈现出蓬勃发展的状态，这对积极涌入电商市场的企业来说既喜也忧。

跨境电子商务的快速发展使中国的跨境电子商务无论是规模还是质量都得到了大幅度的提高，使中国在国际市场的影响力进一步增强。但随着跨境进口电商市场逐渐规模化和成熟化，强势涌入的海外商品也对本土企业的发展带来了影响。面对这种境况，企业应该积极做出调整，根据消费者的需求来确定自己的重心，这样才能为企业业绩的提升提供帮助。

此外，随着跨境电商的发展，交易的信用问题也显现出来。国内供应商的假冒伪劣问题是令消费者最头痛的事，而因为仿冒品牌商品而被扣留在海关的事件也时有发生。中国的信用监管体制还相对落后，很大程度上需要企业和平台的自制力，如果不能有效杜绝冒牌产品，对企业和行业的发展都极为不利。

资本的不断扩大将会使跨境电商的市场竞争更加激烈，无论是实力雄厚的大企业还是初出茅庐的小公司都会受到一定的影响。跨境电商并没有成例可循，但创新是永恒的话题，企业只有不断创新，走在行业的前沿，不断发现新的投资点，才能保证投资的成功，从而在资本鏖战中生存下来。

7.3 政策利好：跨境电商风口来临

近年来，跨境电商在中国呈飞速发展的状态。与传统外贸相比，跨境电商能够有效地缩短批发、销售等多个环节，从而降低商业成本，因而备受商家青睐。而随着人们生活水平的提高，对海外商品的需求也在不断增长，喜爱海淘的人与日俱增，据统计，目前中国参与过海淘的用户已超过2400万人，且这一数字还在日益增加中。跨境电商如此火热，国家政策上的扶持是很重要的因素，政策的倾斜为跨境电商带来新的"风口"。

2014年7月1日，"海关跨境贸易电子商务服务平台"开始运作，标志着中国进入跨境贸易电子商务的新阶段；2014年7月23日，海关总署发布公告明确跨境电子商务的合法，使中国的跨境电子商务迈入新的发展时代。

2015年7月15日，国务院常务会议提出了促进外贸的六项措施，旨在减轻外贸企业负担、提高通关效率。会议大力支持外贸新型商业模式，这尤其利好跨境电商的发展。

国务院总理李克强在国务院常务会议上提出对跨境电商的税收

进行调节，重点包括进口关税、消费税等。

中韩签署自贸协定，范围包括货物贸易、服务贸易、投资和规则等17个领域，包含电子商务、竞争政策、政府采购、环境等等。这一系列政策的提出都是对跨境电商行业的支持，显示了国家对这一领域的重视，也为投资人指明了投资方向。

中国跨境电子商务经过近年来的迅猛发展，产业集群和交易规模都已经形成了一定的基础。在出口不乐观的情况下，扩大内需是稳定增长的必然选择，而吸引境外消费回流将是扩大内需的重要方向。跨境电子商务对于推动经济发展、促进对外贸易有重要的战略意义。

同时跨境电商也面临着物流价格偏高、时效慢等问题，由于货物采取整进整出的模式，使得配置十分烦琐，时效体验差，原有的物流政策已不能满足快速激增的清关需求。面对这一问题，商务部表示会和相关部门进行探讨协商，系统部署"十三五"期间商贸物流工作，特别是要尽快研究制订商贸物流、电子商务物流以及京津冀商贸物流发展三项规划，解决好物流问题，保障跨境电商的通关效率，可见国家对跨境电商的重视。

"海外仓"看似需要比较高的成本，但是受到国家政策扶持和电商发展趋势的影响，在海外建立仓库已经具备了一定的市场潜质。重庆火蚁供应链管理有限公司在成立六个月后估值就超过了千万，并且获得了政府500万研发基金，其背后的原因就是因为这是一家专注建立海外仓库的技术型公司。

　　政策红利不断向跨境电商释放，有利于实现优化输出，扩大国内消费。2016年3月17日，商务部发言表示将采取有力措施支持有能力的电商设立"海外仓"，即跨境电商企业先将商品批量出口到境外仓库，再由电商平台将商品销售给国内的消费者，这将进一步缩短通关时间，提高配送效率。"海外仓"作为跨境电商的一种新模式，对电商的发展和外贸行业的优化升级具有重要作用（如图7-3所示）。

图7-3　传统供应VS海外仓库供应

　　虽然国家现在对跨境电商的扶持力度很大，但可以肯定，税收政策不会长期对跨境保税高度倾斜，因为传统贸易的利益也要得到保证。现在各试点政府都处于摸索阶段，对防疫、商检、税务、外汇、海关等各部分的政策都在调整。此外，由于跨境电商在海外交易等方面还存在诸多问题，中小企业的发展面临着诸多风险，电商在海外的利益也需要国家的强力支持来维护。

　　跨境电子商务作为新生事物，推动其发展是一个长久的过程。国家已为电商制定了许多优惠政策，企业要做的就是把握机会、探索创新，为推动跨境电子商务发展、促进中国外贸稳定发展做出贡献。

7.4 跨境电商"玩家"群像

跨境电商发展到今日，政策上获得了极大支持，用户市场十分广阔，因此虽有不足，仍然获得了资本的极大追捧，各路玩家纷纷涌入，使跨境电商市场火热异常。目前在这个新兴的行业还没有出现消费者普遍认同的跨境进口电商，巨头和中小企业都有很大的发展空间。玩家们如何清楚认识自己的定位和对未来的规划对于今后的发展有很大的影响。

1. 物流供应链服务商

物流服务商拥有多年的跨境贸易经验，对于供应、配送、分销等方面有很大的优势。如今跨境电商行业形势大好，商家们都利用自身的优势获取市场效益。物流行业的巨头如顺丰、全峰等都开始利用物流优势积极开拓市场。如何提高自身的服务体验、获得消费者的肯定，是物流商们的重点。

汉森供应链平台是众多物流供应链服务商中的佼佼者，凭借多年的跨境贸易经验，在消费端市场里已经形成了一套具有极高商业价值的产业链，通过与互联网的深度结合，在分享资源的基础上，汉森已经成为中国物流供应链的第一平台。

2. 品牌商

对于海外的一线品牌来说，最重要的是维系自己的品牌形象，因此它们可以在保持原有销售体系的前提下探索新的发展路径，例如与电商平台加强合作。日本的品牌商如松下、卡西欧、虎牌等已与小红书展开合作，美赞臣、亨氏等奶粉品牌也与蜜芽签订了战略合作，大家都想在中国这个巨大的市场中占得一席之地。而对二三线的国外中小品牌商来说，因为在中国并没有合资公司，品牌的知名度不高，如何将自己的品牌带入中国市场是他们亟须考虑的问题。

TOTO是纯正的日系洁具品牌，但是对于中国人来说，虽然我们可能不知道这个品牌产自哪里，但是对它绝对不陌生。在国内的一些高档酒店、餐厅我们都能看到TOTO这个品牌，一些电商平台也已经与TOTO签订战略合作协议，这不仅让国内洁具生产商更加注重品质与创新，在也为国内市场打开了新的销售渠道。

3. 创业公司

虽然电商巨头们在资源上占据优势，但跨境电商毕竟是新兴产业，大家的起步分别并不大，创业公司也有很大的成长空间。以洋码头、小红书为代表的创业型公司相继完成了融资，发展模式也逐步成熟，在发现用户需求、完善商品机制等方面具有一定的优势，

171

未来如果能够获得更多消费者的青睐，将会在跨境电商的大舞台上取得不错的成绩。

嗨淘网是一家主营美容化妆品的"全球购"网站，虽然该网站在2010年才上线，但是凭借诚信经营的理念和优良的口碑，在跨境电商中演绎出了后起之秀的态势。2014年嗨淘网获得中国电子商务协会授予的2014年度"最佳信任度化妆品电商"奖项，这意味着跨境电商不再是少数几家电商巨头才能把玩的领域（如图7-4所示）。

图7-4　嗨淘网界面

4. 传统零售商

电商的发展壮大使传统零售商的业绩不太理想。根据《2015年(上)中国电子商务市场数据监测报告》显示，2015年上半年，中国电子商务交易额达7.63万亿元，同比增长30.4%。其中，网络零售市场交易规模达1.61万亿元，同比增长48.7%。而2015年1至2月份，全国百家重点大型零售企业零售额累计下降1.0%，增速较上年同期下降

2.5个百分点。为了提升业绩，传统的零售商也开始进军跨境电商。国际零售巨头沃尔玛在其APP上推出 "全球e购"用来开展跨境电商业务，其他零售巨头如麦德龙、华润万家、大润发等也在尝试开拓跨境电商。零售巨头的加入将为跨境电商市场带来新的变数，未来如何我们拭目以待。

百货是非常典型的传统零售行业，虽然传统商业思维已经在这一行业中根深蒂固，但是这种思维已经无法满足新时代的消费需求，迫于环境的压力，谁能真正走出这个"框架"谁才能活着、活好。跨境电商风暴席卷而来的今天，作为传统零售商的新世纪百货并没有满足仅以实体来满足消费者，随着"全球购"概念的出现，新世纪百货也推出了"世纪购"，以便乘着跨境飓风再上到新的高度。

5. 中小微商

电商和零售巨头的加入，使中小微商的生存毛利空间越来越小。以买手、朋友圈代购为主的中小微商大部分做海外美妆、面膜等产品的代购，面对生存空间的缩小，都纷纷入驻电商平台进行合作，共同培育用户市场。

6. 消费者

根据《2015跨境网购消费报告》显示，当前跨境购物主力用户集中在26～35岁，占七成左右，人群构成主要是"妈妈团"，她们认为外国直购的产品比国内的更加安全放心，主要是从海外代购母婴产品；另一部分是喜欢新鲜事物的探险家和有丰富购物经验的时尚潮人。未来消费市场还有巨大的可开拓空间，因为现在消费者对海购途径还没有具体的认知，通过电商平台、境外直邮、代购等各种途径的都有，各路玩家谁能以更好、更快、更便宜的手段为客户提供优质服务，对树立品牌、吸引消费者有重要作用。

有人预测，跨境电商将改变国内电商的竞争格局。电商和零售商的巨头将打响价格战，中小企业会转型进行差异化竞争，有核心竞争力的创业公司将在市场中站稳脚跟。然而未来究竟如何，谁也无法判断。玩家们只有经过市场的不断检验才能判定能否生存下来。

值得期待的是，通过玩家们竞争，中国的零售行业将得到升级，中产阶级的消费结构得到优化，将更好地促进经济的增长。在这场跨境电子商务大战中，各路玩家都将在运营能力、人才培养、市场掌控等方面受到检验，谁能生存下来，谁就将成为大赢家。

7.5 "借道补血"，银行发力跨境电商

近年来，随着电子商务的不断发展，跨境代购逐渐成为一种新的消费方式，受到了消费者的追捧。电子商务的迅速发展，使人们开始更多地运用网络手段进行支付、购买等行为，这对传统的金融银行带来了巨大的冲击，为此，各大银行纷纷试水跨境电商，希望能够"借道补血"，赢回自己日益缩减的市场。

马云曾代表电商隔空喊话："如果银行不改变，我们就改变银行！"然而现在，银行也正在改变电商格局。目前已有多家银行进入电商领域，以飞速发展的态势侵占着电商市场。

2014年6月，中国建设银行推出了"善融商务跨境购"服务平台，通过从国外批量下单，由海关保税仓直接发货，从而免去了高额的店铺租金和运费，同时低于50元的订单关税还可以直接免征，商品包装上也印有可以查询真伪的二维码。该平台推出后获得了大量客户的关注和使用，建行也通过这一平台快速抢占了跨境电商的市场（如图7-5所示）。

图7-5　中国建设银行旗下"善融商务"主界面

2015年11月18日，中国银行的跨境电商产品发布会的启动仪式在广州举办，仪式上中行推出了集线上便捷支付、网上收单、国际收支申报等一系列功能在内的跨境电商一站式解决方案，显示了自己迈入跨境电商市场的决心。

中信银行也将发展的目光投向跨境电商市场。中信银行与中国（杭州）跨境电子商务综合试验区建设领导小组展开合作，以金融服务为起点，共同营造跨境电商"商、汇、融"一体化服务体系，建设有核心竞争力的跨境电商进出口平台。

银行不断试水跨境电商，一方面是看重这一领域巨大的吸金力和客户量，另一方面也希望借此平台丰富大数据信息，扩展业务。虽然与传统电商相比，银行系电商在用户基础、人才储备、运营模式等方面处于劣势，但也具有传统电商所不具备的优势。

首先，在支付手段上银行系电商具有极大优势。据统计，通过跨境支付来进行海外购物的消费者占比可达65%，虽然传统电商也推

出了自己的支付方式，但通过银行支付的客户还占多数，而且电商
自身在进行资金流转时也离不开银行的帮助。

其次，银行系电商获得了政府的政策支持。中国人民银行广州
分行发布了《关于金融支持广东稳增长调结构的若干意见》，指出
要推动金融机构的改革，不断创新，开发出适宜国内消费者的金融
产品，不断促进跨境电子商务发展。有了政策的支持，银行系电商
的发展将会更加迅猛。银行还拥有强大的公信力，在资金安全、身
份信息安全等方面，客户对银行十分信任，这使银行可以在跨境电
商的领域给客户极大的安全感，进而吸引客户的使用。

此外，商业银行经过多年的发展，在国外的基础设施建设更为
完备，拥有自己的营业网点，比传统电商拥有更大的知名度，与外
国企业进行支付对接也更为方便。

银行电商虽然起步较晚但成绩不错，工商银行的电商平台"融
E购"半年卖出了13万台苹果手机，而京东则不到12万台，可见银行
电商也具有很强的竞争力和消费市场。但随着跨境电商市场越来越
激烈的竞争，价格战开始打响，服务、售后等问题也成为商家们比
拼的项目。目前银行系电商商品种类比较单一，对客户的售后服务
也不够完善，这都是急需要解决的问题。

传统电商经过多年的发展在商品种类上囊括了数码产品、生
活用品、服装、图书等各种类型，商品之丰富是银行电商目前尚不
能及的，因此，银行系电商必须寻找传统电商目前尚未开发的领域
进行差异化经营。基于银行在金融方面的优势，银行电商可以开发
个性化金融产品和虚拟服务，满足客户的不同需求。此外，银行电

商可以凭借其公信力和强大的资金基础与宝马、奔驰等企业展开合作，尝试汽车等大额产品的团购，这是目前传统电商无法做到的，银行电商可以率先尝试。

在用户体验上，银行电商一定要做到诚信经营，避免假货、水货，赢得客户的信任感和满意度。

跨境电商是个新生且巨大的市场，任何企业都具有很大的发展空间，银行在这一领域要找准自己的定位，获得忠实的客户群，同时要利用自身的公信力使跨境电商的市场变得更加规范化，形成一个有序的竞争环境，不断促进经济的发展。

第8章

机器人：
工业文明的极致绽放

随着社会经济与科技的不断发展，机器人行业开始逐渐踏入人们的生产生活中。很多小时候不可思议的梦想开始变成了现实，机器人可以帮我们进行工业生产，帮我们做家务，甚至帮我们照顾病人。机器人的应用领域越来越广泛，工业自动化和智能时代已经来临。

8.1　机器人领域：中国制造的新机遇

2008年金融危机后，全球经济一直萎靡不振，环保、能源等曾经被投资人看好的领域都没能挡住经济低迷的浪潮，除了机器人。据国际机器人协会统计，2014年世界工业机器人销量约为22.5万台，较2013年增长27%，如此大好的销量和增长形势使机器人领域成为各国的投资热门。

微软公司创始人比尔·盖茨曾说："机器人产业将会再现计算机产业的崛起之路，成为继汽车、计算机之后最有潜力的新型高新技术产业，在不远的未来彻底改变人类的生产和生活方式。"现如今他的话正慢慢变成现实。

机器人产业正在成为世界各国角逐的重点。欧盟提出了"新工业革命"理念，美国提出通过发展人工智能提高劳动生产率，韩国出台《智能机器人基本计划》旨在全力提升机器人产业竞争力，法国则采取由政府组织机器人基础技术研究，建立机器人领域完整的科技体系……面对如此局势，中国也提出了《中国制造2025》作为中国实施制造强国计划的行动纲领，国家大力支持机器人产业，中国的机器人制造正稳步发展。

沈阳新松机器人自动化有限公司是一家以机器人独有技术为核心，致力于数字化智能高端装备制造的高科技上市企业，如今越来越多的企业使用机器人投入生产，新松公司的订单也接连不断，仅2014年上半年机器人的销售同比增长30%，公司总裁曲道奎预言，在十年内，中国机器人产业将处于黄金发展期，也将进入竞争白热化阶段。

如今，新松公司以近350亿元的市值成为沈阳最大的企业，是国际上机器人产品线最全的厂商之一，机器人市场的火热让新松公司受益良多。

不仅是生产厂商，机器人投入生产线也给企业带来了巨大效益。由于人口老龄化加剧，劳动力成本大幅上涨，这对企业来说是一笔巨大的开支，与之相比工业机器人及辅助设备价格则呈下降趋势，随着科技水平的不断进步，机器人的智能化也大幅跃升，在替代人工方面具备了明显优势。

2015年8月22日，首届珠江西岸先进装备制造业投资贸易洽谈会上，格力电器首次展出了自主研发的工业机器人，格力董事长董明珠提出，"格力未来的发展就是要机器人生产，用自动化设备生产自动化设备。"

格力的口号是"掌握核心科技"，多年来格力一直主张自主创新，在研发机器人的过程中也一直走自主研发的道路。培根曾说善于识别与把握时机是极为重要的，格力正是做到了这一点。在机器人狂潮来临之际，格力不仅使用机器人生产，还快人一步地生产机器人，格力能取得今日的成就，很大程度上源于他们对机遇的把握。

大市场看似诱人，却也暗藏危机。在中国机器人市场中，核心技术几乎被外资垄断，在接触不到软件、芯片、控制系统等高端技术的情况下，我们能做的只有外壳和组装，长此以往在机器人领域很难取得突破，因此发展的关键在于对技术和人才的获取，只有将中国制造变为中国智造才能不被世界潮流淹没。

科学技术是第一生产力。这句话处在往何时代都是至理名言，只有掌握核心技术，生产才能走在前列，企业才能处在顶端。投资不仅是对产品的投入，更重要的是对人才的培养和技术的研究。虽然机器人市场火热，但无论是企业还是国家对人才、技术这些软投资的力度还远远不够，在机器人领域我们还有很长的路要走。

8.2 处于婴儿期的中国机器人产业

机器人有"制造业皇冠顶端的明珠"之称，中国的机器人产业虽然处于起步阶段但前景十分广阔，已经进入高速增长期，但因为关键技术和生产工艺的不完善以及在销售渠道方面的狭隘，面对快速增长的国内市场需求，本土的机器人企业仍处于竞争劣势。

德国库卡、瑞士ABB、日本发那科和安川电机——这四家机器人产业的龙头企业都在中国设立了子公司和合资企业，对中国国内市场份额的占据高达70％。国内企业只有4％的市场份额，外资品牌的市场占有率高达96％。中国的机器人产业犹如婴儿一样渴望茁壮成长，但又十分脆弱（如图8-1所示）。

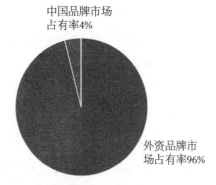

图8-1 外资品牌与中国品牌市场占有率对比图

虽然有种种忧患，中国的机器人产业还是如雨后春笋般不断冒出。

昆山机器人产业化基地已申请国家火炬计划特色产业基地，它将与国内外的机器人企业联合，2015年将形成两个工业机器人和智能机器人产业链，产值200亿元。

唐山市提出打造产业集群和特种焊接机器人应用服务机器人产业集群，到2016年，核心专利将突破100项，生产能力超过200亿元。

重庆市成立科学技术创新联盟，并建立机器人技术和产业发展公司以促进研究和开发工业、服务业、玩具、军事、医疗、水下、太空七个领域的机器人产业项目，打造价值百亿级的"机器人之都"。

上述这些地区努力将自己打造成高端智能装备制造城市，中国的机器人市场也正是在企业的不断参与中才能够不断完善，不断进步。

机器人市场这块巨大的蛋糕得到了很多人的青睐，面对十分严峻的国内机器人市场，国家也出台了《机器人产业"十三五"发展规划》、"中国制造2025"等相关配套政策全力支持机器人产业。机器人技术统计国际联合会的数据显示：2013年中国市场上销售近37000台工业机器人，大约为五分之一的全球销量，总销量超过日本，成为世界上最大的市场。到2020年，这个系统行业销售收入将达到三万亿元。如此巨大而又富有潜力的投资市场很容易吸引投资者的关注。

2013年5月，占地1000亩的青岛国际机器人工业园在高新区开幕。海尔集团、橡胶谷雷霆重工、硕泰科技、安川电机等项目相继落户于此。工业园计划三年内吸引30家企业进入创业园研发制造机器人，重点吸引日本、韩国、欧美以及中国国内优秀的机器人制造及配套企业进入园区研发，努力打造中国北方最大的工业机器人产业化基地。

青岛很早就将自己定位为中国北方最大的工业机器人产业基地，经过多年的发展，如今不仅有设施完备的产业基地，还拥有相当大的市场，在机器人市场的竞争中处于有利的地位。而中国的其他机器人企业也在蓬勃发展，中国正大踏步地跨入机器人时代。

投资者不断涉足机器人产业，很大程度上也是看中了政策红利，婴儿的成长除了自身吸收外营养外还需要一个安全稳定的环境，而国家出台的各种规划正是机器人市场平稳的基础，我们一方面在学习技术，另一方面也要保证发展环境的乐观，双管齐下才能使机器人市场保持快速发展。

机器人产业是新兴产业，但通过开发新的需求可以推动许多其他产业转型升级，尽管我们生产的机器人在制造精度、使用寿命、智能化等方面还远不及国外水平，但"众人拾柴火焰高"，相信在国家政策的扶持下，在企业的全力开发下，在技术人员的研发下，中国的机器人市场一定会健康发展。

8.3 资金"补血"的渴望越来越强烈

随着工业的飞速发展与劳动力成本的增加，近年来，中国工业机器人行业快速发展，已经成为全球工业机器人最重要的市场。在中国30多年的工业化发展进程下，工业产业发展迅猛，从简单的人工操作进化到机器人操作，为产业带来了高效的发展，促进产业升级和转型，引起一场新的产业变革。

国家相关部门对机器人产业的进一步扶持，也推动了该产业的健康发展。工业4.0和"中国制造2025"更是为机器人产业开辟了广阔的成长空间。工业机器人是两项政策的战略制高点，更是智能社会科技创新与产业升级的突破口。"中国制造2025"是中国政府实施制造强国战略第一个十年的行动纲领。"工业4.0"战略的主要核心就是将人、设备与产品进行联合，通过识别和交流从而建造一个高度灵活的个性化和数字化的智能制造模式。在这种模式下，从表面上看是由于集中生产转变为分散生产，但是其内质是产品由"批量"生产转变为"个性"生产，用户也从"局外人"变成了"参与者"。

机器人的发展越来越成为全球工业瞩目的焦点话题，机器人产业如今作为中国在工业发展上最重视的部分，它的市场庞大且需求旺盛。2015年年报数据显示25家A股机器人上市公司整体发展良好，其中超过50%的企业净利润实现大幅增长，其中汇川技术、软控股份等少数几家企业的净利润各超过两亿元。投资界巨头瑞士Pictet资产管理公司拿出了5亿美元资金投资机器人产业，机器人的投资风口已经显现出来（如图8-2所示）。

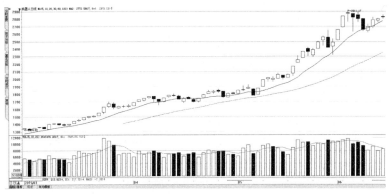

图8-2　2015年上半年机器人板块指数走势图

2015年世界机器人大会金融论坛上，来自机器人产业的专家学者和投融资领域的企业代表就在工业4.0时代如何为机器人产业注入资本的力量这个主题进行了深刻的探讨。这次机器人大会提出的"机器人金融"的概念，是资本与机器人产业联合的桥梁，资本和工业发展也必将迎来一个的新时机。近年来资本市场一直在追逐"机器人革命"的风口，A股逾80家上市公司并购或投资了机器人自动化项目，在2015世界机器人大会上，重庆两江机器人融资租赁有限公司在2015年就在机器人产业投放了近10亿元资金。

随着"工业4.0"时代的来临，传统人工逐渐地无法满足工业发展的需求，工业工人工资成本上涨，加之技术更新变化快加快，人工的熟悉速度不及机器更改程序的速度快，大多企业都愿意用机器人替换人工来进行工业生产。但是现实是很多中国本土企业都因为实业投资过大、融资比较难等原因错失了发展的良机。中小企业虽然也有技术更新的需求，但是由于资金不足，这些企业仍然无法完成机器换人的转变。解决办法只有贷款和融资租赁。

去银行贷款需要通过设备抵押，期限一般为一年，如果想延长时间需要在一年期满时先还款再贷款，十分麻烦。再加上银行的贷款利率一直都在基准利率基础上不断上浮，中小企业缺乏有效抵押物、抗风险能力较弱所以这种渠道不太成立。与传统银行贷款相比融资租赁则有更多的优势，融资租赁不需要抵押品，不占用企业信用，释放资金和还款方式较灵活，流程短、审批快、融资期限长，也就是说企业租一个机器人进行工业生产，分期缴纳租金，租金缴纳完毕之后，机器人归企业所有，之后机器人的工作连租金都不用交。这些优势使融资租赁成为中小企业机器换人的重要选择。中小企业通过融资租赁达到机器换人的目的，企业通过工业机器人开发自动化生产线，用智能控制替代人工操作，能达到减员、增效、提质的效果（如图8-3所示）。

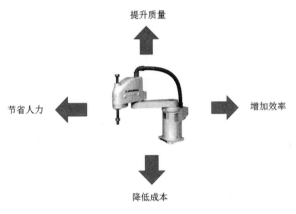

图8-3 工业机器人的优势

在工业生产领域，用机器人取代人力劳动是工业发展的必然趋势，将资金投入机器人研制的全新领域，不仅可以提升企业生产效率，还可以降低成本使产品具有竞争优势，是非常好的机遇。机器人产业市场需求潜力大，应用领域广，不仅能提升智能机器的创新能力，同时可以促进工业产业的快速发展。

机器人进入人类的生活是必然的，它将像电脑、手机、网络一样深入我们生活的各个方面，满足人类生产生活的各种需求。机器人产业正在飞速的发展之中，向机器人产业注入资金已经是投资者必然的投资方向。当智能科技与资金强强联合，必将使中国的机器人市场不断发展壮大。

8.4 马云的百亿投资

SBRH是阿里巴巴首次在机器人领域的投资，又是与阿里巴巴关系密切的日本软银进行合作，无疑让我们很期待两家公司的火花碰撞。

2015年6月18日下午，阿里巴巴与富士康在日本共同宣布达成协议，将向日本软银（SoftBank）旗下的机器人公司Soft Bank Robotics Holdings（简称SBRH）实行战略投资145亿日元（约合7.32亿元人民币），以推动人形机器人Pepper在全球范围内的开发和应用。根据协议，阿里巴巴、富士康分别持有20%的股份，软银持有60%的股份。SBRH主营为机器人业务，由软银间接控股（如图8-4所示）。

图8-4 人形机器人Pepper

说到SBRH那就不得不提Aldebaran，这是一家成立于2005年的小型仿人形机器人公司。2008年，Aldebaran研究诞生了超越当时最火的索尼AIBO机器狗的机器人NAO。2010年上海世博会上，NAO代表法国出现在展台上并为观众们表演了机器人舞蹈。2012年年初，日本软银以一亿美元的价格收购了Aldebaran80%的股份，并成立了软银机器人控股公司SBRH。伴随着投资与发展，SBRH朝人工智能表情传感技术不断进步。

SBRH研发的世界上第一款可以识别情绪的仿人形机器人Pepper于2014年6月进入大众的视野，2015年2月开始在日本进行全面发售。Pepper这款机器人拥有白色机身和可爱的外形，身高121厘米，体重28公斤，胸前有一块10.1英寸的触摸屏，自身的锂电池可以支持其连续工作超过12个小时。

较玩具机器人和工业机器人不同的是，Pepper主要发展于服务业，其配备了语音识别技术、姿态控制技术和情绪识别技术。通过一个麦克风、两个摄像头和一个3D传感器，Pepper可以分辨出人类的情绪变化，并且根据这些变化来进行反应。除此之外，它可以被用于教育、用户服务、家庭护理和医疗康复发面。

阿里巴巴集团董事局主席马云、日本软银集团董事长孙正义、富士康科技集团董事长郭台铭一起进行合作，足以证明人工智能表情传感仿真机器人这个项目的发展空间。

Pepper在目前看来并没有什么大的应用场景，这种仿真传感的机器人领域离国内市场还比较远。而且从目前来看，全球机器人产业仍然以谷歌应用机器人和以富士康工业机器人为主，让机器来代替产业工人是工业发展的大方向，投资这两种产业自然是毋庸置疑，而马云却将投资方向伸到了仿真传感机器人，其中的原因值得思考。

在科技的飞速发展下，DT（数据技术）时代悄然来临，通过大数据和云服务，机器越来越向人类智能进化。通过阿里巴巴自身的电商销售渠道优势以及阿里云的存储、计算及大数据分析能力，可以加强SBRH联合开展机器人应用场景和用户体验方面的研究合作。阿里巴巴在云计算和大数据领域具有巨大的优势，通过数据资源提高人工智能的水平，实现更好的用户体验，为智能产品和机器人的研发提供数据支撑。其次，阿里巴巴作为最大的电商平台可以给机器人销售提供销售渠道支持，Pepper也有望进入中国市场。

三家强强联合的目的不只是为了目前这一个不够完善的机器人销售，这一做法是为了为以后的机器人产业发展提供支持，随着科学发展的进步，Pepper会被开发得越来越强大，可以真正帮助大众解决衣食住行等各种问题，当大众习惯了机器人在自己生活中的位置之后，三家就形成了行业发展的标准，这个利益是非常巨大的。他们看到了未来机器人科技的发展趋势，选择了相互联盟，抢占行业的制高点。当机器人产业技术突破的时候，他们都将成为最大的赢家。

8.5 服务机器人大举来袭

服务机器人是机器人家族中的一员，它的应用范围非常广，可以应用于餐饮服务、医疗监护、家政清洁等多方面。全球服务机器人市场保持较快的增长速度，根据国际机器人联盟的数据，2010年全球专业领域服务机器人销量达13741台，同比增长4%，销售额为320亿美元，同比增长15%。个人/家庭服务机器人销量为220万台，同比增长35%，销售额为5.38亿美元，同比增长39%。

中国在服务机器人领域发展起步的时间较英美、日本等国家相对较晚。在中国863计划的支持下，中国在服务机器人研究和产品研发方面已开展了大量工作，并取得了一定的成绩。如今各种服务类机器人在世界上都有非常广泛的应用和良好的发展前景。

2015年重庆一家名为"神秘餐厅"的餐厅才刚开业，就在当地火得一塌糊涂，全省各家媒体争相报道，一到饭点客人如织，甚至吸引了不少特意从外地赶来的客人。这间餐厅为何如此火爆呢？原来这是一家大家以前都没见过的机器人餐厅。

神秘餐厅一共有六个机器人，其中一个是迎宾、两个负责点菜，剩下三个负责传菜，神秘机器人餐厅采用全自动化的机器人流水服务，从迎宾带位到点餐传菜再到收银买单全部采用机器人服务员统一完成。

门口的迎宾机器人可以发出欢迎光临的声音，并且可以为客人进行排号服务，客户进店后可以对餐卡进行充值，然后在座位上坐下之后，通过点菜机器人进行点餐并使用餐卡结算，机器人做好菜之后通过传菜机器人上菜，经过这一系列操作，用餐过程圆满结束（如图8-5所示）。

图8-5　服务机器人在餐厅送菜

随着人口老龄化的不断加剧，老龄人的看护以及医疗的各种问题都亟待解决，养老护理劳动力极其缺乏，因此养老服务劳动力成本不断升高，为人们带来大量的财政负担。

服务机器人的发展使用将大量解决此类问题，通过大量的服务型机器人来代替人工对老人进行照顾，可以明显地降低财政负担，同时为人们带来便利。随着服务机器人行业的不断升级发展，服务机器人能够被大量应用。

在杭州的幸福老人乐园，有一个神奇的"铁家伙"成了老人们的新玩意。这个铁家伙是一个养老服务机器人，它的名字叫"T30"，这个机器人身高120厘米、重5公斤，它可以为幸福老人乐园里的老人提供各种照顾和服务。比如，老人对机器人说"我想把窗帘拉开"，机器人就可以通过语音传送至APP提醒工作人员来进行此项操作。机器人还可以对老人进行体征监测，可以及时通知家人老人的身体状况，还可以提醒老人按时吃药。

机器人还能代替护理人员巡房，将各种食品药品送到老人的房间，可以提升护理人员的工作效率。这款服务机器人具备通话、监控、智能语音、健康体检、自动充电维护等功能，可以通过大数据和互联网等技术，和老人进行情感交流、安全防护等，它们还能陪老人聊天，给老人唱歌跳舞来逗老人开心。社会老龄化正在加速，满足老年人需求的产品和服务产业将爆发。

在机器人前沿和关键技术方面，中国自主研发能力落后于世界先进水平，中国大多属于跟踪研究，缺乏原创性。

在设计制造技术方面，中国在材料与工艺技术、产品设计等方面与国外实力相比存在较大差距。中国服务机器人的创新体系建设尚处于起步阶段，企业新型产品设计制造创新能力有限，人工智能等技术缺少突破性进展，产学研脱节现象较为严重。

服务机器人目前还需要在核心技术包括人机交互、人机协调、人工智能、云计算等多方面进行升级，具体涉及算法、通讯、大数据、云联网、语音、语义、处理器等各方面，以实现服务机器人的自主性、适应性、智能性。

随着技术手段的发展，机器人将代替绝大多数的体力劳动已经不再是梦想，而是一种大趋势。以清洁机器人为例，2015年"双十一"期间，国内科沃斯扫地机器人实现全网销售3.15亿元，其中在天猫商城销售达2.76亿元。证明服务机器人在终端消费需求有强大的爆发力（如图8-6所示）。

图8-6　天猫商城某款扫地机器人月销量破万

2015年5月，国务院发布《中国制造2025》规划，对人工智能区域提供政策支持。服务机器人将应用于养老、清洁、导购、医疗、教育等方方面面。据有关数据统计，预计到2017年中国服务机器人产业市场规模将突破200亿元人民币，企业的商业模式将逐渐清晰，盈利模式也将实现多样化，而随着技术及服务的升级进步，服务机器人的商用价值逐步显现，将成为人们生活中的重要部分。

8.6 工业机器人：未来十年投资的新方向

工业机器人是现代制造业重要的自动化装备，它将电子、机械、计算机、传感器、人工智能等多种科技集为一身，是自身动力和科技控制相结合的高科技机器。

工业机器人并不只是通过科技代替人工劳动，它能够结合人和机器的优势，将分析判断能力和高准确性、高稳定性、运营成本小和工作效率高等优点结合起来，成为一个超级机器。随着科学技术的进步，机器人也开始和人工进行搭配协调生产，实现从重复简单劳动到可以实现更高水平的工业发展的演变。自从有了工业机器人的加入，不仅使生产自动化水平、劳动生产率和产品质量有了很大提升，还极大地促进了经济的发展，改善了工人劳动条件，引起了世界各国和社会的多方面关注。在新的时代发展下，机器人工业必将得到更加

图8-7 工厂内正在作业的机器人

快速的发展和更加广泛的应用（如图8-7所示）。

随着经济和工业的发展，工业机器人已经成为中国工业生产过程中最关键的设备之一。中国现已成为全世界最大的工业机器人消费市场，工业机器人已在汽车制造、电子、医药设备、军工、航空制造、金属制品和食品工业等领域得到广泛的应用。近年来，工业机器人对于社会发展起着越来越重要的作用，工业自动化时代已经全面来临，工业机器人产业也将迎来更加迅猛的发展。

从工业生产发展角度来看，中国工业机器人产业起步较晚，发展相对较缓慢，整体规模较小。其产业发展多分布在东北、长三角珠三角等地区，核心技术尚未产业化。中国目前虽已基本掌握了工业机器人制造能力，但工业机器人创新制造技术及工程应用的水平较国外仍有不小的差距。全球制造业工业机器人密度为55，中国工业机器人密度仅达到21，其水平远低于日韩德美等发达国家。除此之外产品精确度不足，应用领域也比较窄。由于缺少核心技术中国工业机器人消费严重依赖国外企业，必须加大研发水平，提高自主创新能力，摆脱依赖，才能使工业发展更有竞争力。

2015年5月，中国政府出台了《中国制造2025》纲领性文件，这份文件主要表达了要主动适应制造业潮流发展，推动中国制造向智能制造转型，这为工业机器人的发展提供了良好的基础。

近年来，工业机器人产业在传统工业制造业市场发展滞缓以及企业转型需求增加的背景下，一直保持着良好发展，促进企业工业

生产发展的提升。在行业快速发展的背景下，中国的3C产业、白色
家电行业及智能可穿戴设备行业发展比较快速，是工业机器人发展
的新领域。

从世界工业机器人发展的现状看，工业机器人技术的发展趋势
是向智能机器和智能系统的方向发展，努力实现智能化、系统化、
模式化的转变，其发展目标是结构的模块化和可重构化、控制技术
的开放化和网络化；驱动技术的数字化和分散化、多传感器融合技
术的实用化，以及系统的网络化和智能化等多方面。机器人在制造
业的应用领域越来越广，其标准化、模块化、网络化和智能化程度
也越来越高，功能越来越强，向更高层次的方向发展。

更进一步的发展主要在于机器人要从传统制造业中跳出来，实
现其向非制造业的转变，提高技术水平，使机器人技术涵盖各种工
业领域。实现从机器人的生产概念向机器人领域的科技技术概念转
变，以及从工业机器人简单生产产业向能够提供解决方案的机器人
转变并发展。目前，机器人技术的内涵已变为"灵活应用机器人技
术的、具有实在动作功能的智能化系统。"